高水平邮轮旅游专业群系列教材

导游业务

DAOYOU YEWU

主　编 / 谢　丹
主　审 / 单朝辉　刘　艳

大连海事大学出版社
DALIAN MARITIME UNIVERSITY PRESS

图书在版编目(CIP)数据

导游业务 / 谢丹主编. — 大连 : 大连海事大学出版社, 2023.1
ISBN 978-7-5632-4406-5

Ⅰ. ①导… Ⅱ. ①谢… Ⅲ. ①导游-业务 Ⅳ. ①F590.633

中国国家版本馆 CIP 数据核字(2023)第 016362 号

大连海事大学出版社出版

地址:大连市黄浦路523号 邮编:116026 电话:0411-84729665(营销部) 84729480(总编室)
http://press.dlmu.edu.cn E-mail:dmupress@dlmu.edu.cn

大连金华光彩色印刷有限公司印装 大连海事大学出版社发行

2023 年 1 月第 1 版 2023 年 1 月第 1 次印刷
幅面尺寸:184 mm×260 mm 印张:14.25
字数:333 千 印数:1~1000 册

出版人:刘明凯

责任编辑:杨 洋 责任校对:孙笑鸣
封面设计:解瑶瑶 版式设计:解瑶瑶

ISBN 978-7-5632-4406-5 定价:81.00 元

前　言

导游是旅游工作的一线人员，是旅游企业和旅游者之间的纽带，是旅游者与旅游目的地之间文化沟通的桥梁，也是旅游竞争力的关键因素。导游服务的质量不仅仅关系到旅游服务的质量，而且还关系到地区或国家旅游业的声誉和形象。因此，一个地区、一个国家旅游业的健康发展，离不开一支高素质、高水平的导游队伍。

随着科技的进步和经济的发展，旅游业的发展进入了智慧旅游新时代，旅游者的旅游经验和旅游知识越来越丰富，旅游个性化需求越来越多，旅游的方式也发生了明显的变化，这就要求导游必须与时俱进，终身学习，具备过硬的素质，拥有强大的知识储备，掌握精深的服务技能。

“导游业务”是高职旅游管理专业学生的专业核心课程，也是全国导游资格考试的考试项目，同时还是全国高等职业院校技能大赛导游赛项的核心考核内容。本书坚持立德树人根本任务，融价值引领、知识传授和能力培养为一体，结合旅行社导游岗位的职业能力需求、全国导游资格考试大纲、职业技能大赛的要求，采用活页式结构，将内容分为3个模块、12个项目、41个任务，每个任务均设有案例引入、任务要求、相关知识、任务实施、任务评价、课后任务栏目，具有较强的实用性、操作性和指导性。本书既可供高职院校旅游管理专业学生学习使用，也可作为社会上相关岗位工作者的指导书和旅游行业爱好者的参考书。

本书由天津海运职业学院谢丹老师担任主编，天津海运职业学院刘刚老师、李琳老师、崔波老师和天津滨海泰达航母旅游集团股份有限公司人力资源部经理许海华女士参与编写。具体编写分工如下：模块一由崔波、谢丹编写；模块二由谢丹、刘刚、许海华编写；模块三由李琳、谢丹编写。在编写过程中，我们研究和参考了国内外同类教材和相关文献资料，听取了行业专家的中肯意见，未及一一列明，在此向这些作者、专家表示衷心的感谢！由于编者知识水平和实践经验有限，书中内容难免有疏漏和不足之处，恳请广大读者批评、指正，以便进一步修订完善。

编者
2022年10月

前言

目 录

模块一

导游认知

项目一 初识导游服务工作

项目介绍

导游服务直接影响旅游服务的质量、旅游产品的销售、旅行社形象以及旅游目的地形象推广效果等。旅游服务同时也反映着导游自身的文化水平和综合素养，是一个国家或地区旅游服务的窗口，是观察一个国家或地区社会文明程度、文化背景、价值观念、道德水准的镜子。因此，我们必须全面深刻地认识导游服务工作，不断为游客提供优质的导游服务。

本项目分为奠定导游服务基础，把握导游服务发展脉络和巩固导游服务地位与作用三项任务。

知识导图

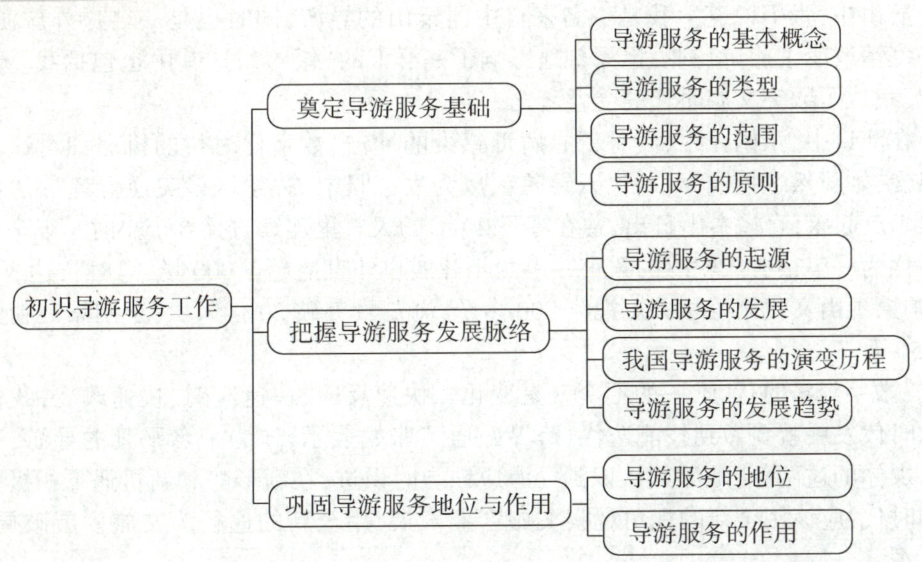

学习目标

1. 素质目标:

(1)培养认真细致的工作态度,养成爱劳动和自主学习的良好习惯。

(2)树立责任意识和职业自豪感。

(3)培养团队精神,筑牢帮扶意识。

2. 知识目标:

(1)了解导游服务的发展现状与趋势。

(2)理解导游服务的内涵。

(3)掌握导游服务的原则。

(4)认识导游服务的地位与作用。

3. 能力目标:

(1)能够熟悉导游服务的内容,提前做好导游服务的各方面准备。

(2)能够认识导游服务的重要性,规范自身行为。

(3)开展导游服务时能够恪守导游服务的原则。

思政案例

登上 APEC 演讲台的"泰山娟姐"

2002 年,张娟考取导游资格证,成为一名导游;2017 年,她被评为我国首批国家金牌导游;2021 年,她被评为山东省十佳导游主播……目前,张娟已经由线下带团导游成功转型为线上"云导游",被网友亲切地称为"泰山娟姐",张娟是新冠疫情下导游成功转型的典范。2022 年 7 月 19 日至 22 日,亚太经合组织(APEC)虚拟研讨会举办。会议期间,张娟进行了题为"数字文旅促使导游技能迭代、跨界融通——数据化工具为导游带来的机遇"的演讲。

演讲中,张娟说道,"我是一名来自中国泰山的导游,同时也是一名户外旅游主播。一场疫情改变了旅游行业,也深刻地影响了一群人的'饭碗',这其中也包括我。但正因如此,我成了数字文旅时代的受益者之一"。

在演讲中,张娟介绍,面对新冠病毒感染的冲击、数字化时代的机遇和对这个职业的热爱,她毅然选择成为一名"云导游",成为大家眼中的"景区最美逆行者"。"我经常凌晨 3 点起床,直播泰山日出,曾在零下 20 ℃的天气里连续直播 6 个小时。艰辛的过程最后化为一串很有成就感的数字——两年开展户外直播超 1 000 场,总时长达 3 000 小时;拍摄泰山文化旅游相关短视频 800 多个,浏览量突破 20 亿人次;全网累计粉丝量突破 150 万。"

"数字经济时代,唯一的不变就是变化。快速反应、快速应对、快速改变,我们导游应对时代发展就要做到技能迭代、跨界融通。"张娟表示,作为一名平凡的导游,运营数字自媒体的这两年,她深刻认识到导游应该与时俱进,在新形势和新机遇下积极拥抱自媒体时代;应该用全新的视角观察文旅产业发展,用全新的途径为文旅发展破局,勇当先行军。

(**资料来源:** 李晶媛.金牌导游张娟:登上 APEC 演讲台的"泰山娟姐"[OL].中国旅游报,2022-07-29.)

案例思考：数字经济的今天，数字与旅游不断融合，数字文旅、智慧旅游，让游客的选择更多、体验感更强，旅游内容更加丰富，游客甚至可以足不出户游遍天下。导游需要时刻关注行业环境变化，紧跟时代步伐，顺应实践发展，以满腔热忱对待一切新生事物，不断拓展认识的广度和深度，在精进自己业务的同时，不断学习新的知识，勇于探索新的服务方式，与时俱进。

任务一 奠定导游服务基础

案例引入

吕小导一直很羡慕导游这个职业，他希望有一天自己可以独立带团，为此他报考了旅游管理专业，经过两年的学习，现在他终于要开始实习了。实习单位建议吕小导利用业余时间考一个驾驶证，吕小导感觉莫名其妙，难道导游还需要当司机么？作为导游，他需要提供哪些服务呢？

任务要求

想要成长为一名优秀的导游，我们首先要对导游工作有充分了解，熟悉导游的工作内容和工作职责，提前做好充足的准备，分析自己的优势、劣势，做好职业规划，不断地学习、成长，以饱满的热情迎接导游工作的各项挑战。本任务主要包括导游服务的基本概念、导游服务的类型、导游服务的范围和导游服务的原则四项内容。

相关知识

现在请你思考导游服务的基本概念是什么？导游服务有哪些类型？导游服务的范围包括什么？导游服务的原则是什么？

扫描二维码，一起学习吧。

任务实施

1. 组建小组，选举组长，整理有关导游服务的性质、特点及原则的相关知识点，制作知识卡片。

2. 开展知识问答活动，随机抽取卡片进行小组抢答，正确积 2 分，错误不扣分但失去一次抢答机会。

3. 公布抢答成绩，对成绩优秀的小组和个人予以奖励。

4. 获胜组进行经验总结与分享。

5. 小组成员共同完成任务后，讨论过程中的不足与闪光点，分析现场完成情况，交流收获、感悟并反思，完成知识学习和实战技能经验的积累和优化。

任务评价:

按照任务评分表的评分标准进行自评、学生互评和教师评价,并进行加权(权重由教师设置,参考权重设置:自评 10%、学生互评 30%、教师评价 60%)计算,评选出最佳任务小组,教师可根据实际情况给予适当的奖励。

任务评分表

<table>
<tr><td colspan="2">考核项目:导游服务基础知识问答</td><td>班级:</td><td>姓名:</td></tr>
<tr><td colspan="2">小组名称:</td><td colspan="2">小组组长:</td></tr>
<tr><td colspan="4">小组成员:</td></tr>
<tr><td rowspan="6">总体评价</td><td rowspan="3">完成时间</td><td>提前</td><td></td></tr>
<tr><td>准时</td><td></td></tr>
<tr><td>超时</td><td></td></tr>
<tr><td rowspan="3">完成质量</td><td>优秀</td><td></td></tr>
<tr><td>良好</td><td></td></tr>
<tr><td>有待改进</td><td></td></tr>
<tr><td rowspan="7">过程评价</td><td>评价标准</td><td>分值</td><td>得分</td></tr>
<tr><td>运用多种渠道,主动学习相关知识,提升能力</td><td>10</td><td></td></tr>
<tr><td>学习态度端正,精神风貌良好</td><td>20</td><td></td></tr>
<tr><td>知识卡准备充分</td><td>20</td><td></td></tr>
<tr><td>参与度高、作答正确</td><td>30</td><td></td></tr>
<tr><td>认真地进行自我总结,完成知识的查缺补漏</td><td>10</td><td></td></tr>
<tr><td>小组合作</td><td>10</td><td></td></tr>
<tr><td colspan="2">总分</td><td>100</td><td></td></tr>
</table>

课后任务

1. 思考题

(1)作为一名正在找工作的旅游管理专业大学生,你接到××旅行社面试通知,你会为面试做哪些准备?

(2)基于导游服务的原则,结合自身,谈一谈如何做才能胜任导游服务工作?

2. 简答题

(1)导游服务的内涵。

(2)导游服务的类型。

(3)导游服务的范围。

任务二 把握导游服务发展脉络

案例引入

吕小导终于通过面试来到了实习单位，现在正在参加实习单位的岗前培训，培训老师让每一名学员表演一个才艺并用英语进行自我介绍，这让吕小导犯了难，难道才艺和英语也是导游的必备技能吗？

任务要求

作为一名导游，每天从事对客的导游服务工作，对自己的工作要有清晰的认知，熟悉导游服务的起源和发展，并能够对导游服务的发展趋势有精准的把握，同时要不断提升服务质量和服务水平，与时俱进，掌握多种技能，跟上时代和行业发展的脚步。本任务主要包括导游服务的起源、导游服务的发展、我国导游服务的演变历程和导游服务的发展趋势四项内容。

相关知识

现在请你思考导游服务是如何起源？如何发展的？我国导游服务的演变历程是怎样的？导游服务的发展趋势如何？

扫描二维码，一起学习吧。

任务实施

1. 组建小组，选举组长，完成导游服务发展趋势辩论赛。辩题：导游自由执业将是未来导游行业发展的必然（正方）；导游自由执业仍有很多问题，导游由旅行社委派进行导游服务仍将是导游带团的主要模式（反方）。

2. 通过抽签选取正反方，根据成员特点分配辩论赛选手位置。

3. 根据辩题进行辩论赛的资料准备。

4. 小组之间进行辩论比赛，辩论结束后，各小组一起讨论，师生共同投票，评选获胜组。

5. 小组成员共同完成任务后，讨论过程中的不足与闪光点，分析现场完成情况，交流收获、感悟并反思，完成知识学习和实战技能经验的积累和优化。

任务评价:

按照任务评分表的评分标准进行自评、学生互评和教师评价,并进行加权(权重由教师设置,参考权重设置:自评 10%、学生互评 30%、教师评价 60%)计算,评选出最佳任务小组,教师可根据实际情况给予适当的奖励。

任务评分表

<table>
<tr><td colspan="2">考核项目:导游服务发展趋势辩论赛</td><td>班级:</td><td>姓名:</td></tr>
<tr><td colspan="2">小组名称:</td><td colspan="2">小组组长:</td></tr>
<tr><td colspan="4">小组成员:</td></tr>
<tr><td rowspan="6">总体评价</td><td rowspan="3">完成时间</td><td>提前</td><td></td></tr>
<tr><td>准时</td><td></td></tr>
<tr><td>超时</td><td></td></tr>
<tr><td rowspan="3">完成质量</td><td>优秀</td><td></td></tr>
<tr><td>良好</td><td></td></tr>
<tr><td>有待改进</td><td></td></tr>
<tr><td rowspan="7">过程评价</td><td>评价标准</td><td>分值</td><td>得分</td></tr>
<tr><td>运用多种渠道,主动学习相关知识,提升能力</td><td>10</td><td></td></tr>
<tr><td>学习态度端正,精神风貌良好</td><td>20</td><td></td></tr>
<tr><td>资料准备充足</td><td>20</td><td></td></tr>
<tr><td>清晰阐明自己的观点</td><td>20</td><td></td></tr>
<tr><td>有理有据,逻辑性强</td><td>20</td><td></td></tr>
<tr><td>小组合作</td><td>10</td><td></td></tr>
<tr><td colspan="2">总分</td><td>100</td><td></td></tr>
</table>

课后任务

1. 思考题

请你思考,文旅融合背景下的旅游业如何跟上时代步伐?

2. 简答题

(1)简述我国导游服务的演变历程。

(2)请你为托马斯·库克写一份生平简介。

巩固导游服务地位与作用

案例引入

旅游管理专业毕业的新导游吕小导发现，随着信息技术的发展，旅游行业有了很大的变化，以前游客出行很依赖旅行社，现在却更喜欢自由行，电子导览的相关产品也越来越丰富，那么导游是不是就不重要了？以后会不会被取代？如何做才能顺应时代变化，提高自身的价值？

任务要求

曾经有人说："没有导游的旅行，是不完美的旅行，甚至是没有灵魂的旅行。"导游服务作为现代旅游业的代表性工种，其重要性可见一斑。在充分认识职业地位的同时，我们也需要清醒地认识到，面对新时代的诸多变化，导游更需要适应环境、探寻价值、拓宽职业道路，从而进一步巩固导游服务的地位与作用。本任务主要包括导游服务的地位和导游服务的作用两项内容。

相关知识

现在请你思考导游服务在旅游服务中的地位是怎样的？导游服务在旅游服务中能够发挥怎样的作用？

扫描二维码，一起学习吧。

任务实施

1. 组建小组，选举组长，开展公众对导游服务的认知情况调查，分析目前导游服务是否具备了导游服务应具备的地位与作用。

2. 小组分工协作，结合导游服务的地位、作用的相关知识，收集导游服务市场的相关报道，了解导游服务现状。

3. 制作公众对导游服务认知情况的调查问卷和访谈提纲。

4. 开展调查工作，收集调查数据，进行数据的整理。

5. 对调查结果进行分析，形成调查报告。

6. 根据调查结果，结合目前导游服务市场现状，提出巩固导游服务地位和作用的建议。

7. 分组汇报，教师进行点评与总结。

8. 观看其他组的展示，并听取教师点评。

9. 小组成员共同完成任务后，讨论过程中的不足与闪光点，分析现场完成情况，交流收获、感悟并反思，完成知识学习和实战技能经验的积累和优化。

任务评价：

按照任务评分表的评分标准进行自评、学生互评和教师评价，并进行加权（权重由教师设置，参考权重设置：自评 10%、学生互评 30%、教师评价 60%）计算，评选出最佳任务小组，教师可根据实际情况给予适当的奖励。

任务评分表

<table>
<tr><td colspan="2">考核项目：导游服务顾客认知情况调查</td><td>班级：</td><td>姓名：</td></tr>
<tr><td colspan="2">小组名称：</td><td colspan="2">小组组长：</td></tr>
<tr><td colspan="4">小组成员：</td></tr>
<tr><td rowspan="6">总体评价</td><td rowspan="3">完成时间</td><td>提前</td><td></td></tr>
<tr><td>准时</td><td></td></tr>
<tr><td>超时</td><td></td></tr>
<tr><td rowspan="3">完成质量</td><td>优秀</td><td></td></tr>
<tr><td>良好</td><td></td></tr>
<tr><td>有待改进</td><td></td></tr>
<tr><td rowspan="7">过程评价</td><td>评价标准</td><td>分值</td><td>得分</td></tr>
<tr><td>运用多种渠道，主动学习相关知识，提升能力</td><td>10</td><td></td></tr>
<tr><td>学习态度端正，精神风貌良好</td><td>20</td><td></td></tr>
<tr><td>知识卡准备充分</td><td>20</td><td></td></tr>
<tr><td>参与度高、作答准确</td><td>30</td><td></td></tr>
<tr><td>认真地进行自我总结，完成知识的查缺补漏</td><td>10</td><td></td></tr>
<tr><td>小组合作</td><td>10</td><td></td></tr>
<tr><td colspan="2">总分</td><td>100</td><td></td></tr>
</table>

课后任务

1. 思考题

随着自媒体时代的到来,很多导游做起了旅游主播,你认为旅游主播这个职业的发展前景怎么样?

2. 简答题

(1)为什么说导游服务是旅行社核心竞争力的重要组成部分?

(2)为什么说导游服务是游客顺利完成旅游活动的根本保证?

(3)导游服务能起到哪些作用?

打造新时代导游形象

项目介绍

导游是旅游服务的灵魂,是旅游业中最具有代表性的职业。导游工作既具有丰富的内涵,又充满着挑战。一名合格的导游不但要具备高超的导游技能,积极主动的服务意识——尊重游客、关怀游客,还要具备高尚的情操、积极的工作态度、一流的知识素养、良好的组织协调能力。随着新时代的发展,导游更是中国优秀传统文化的传播者、文明旅游的倡导者、生态环保的志愿者、游客安全的守护者。导游工作责任重大、意义非凡,因此我们必须要深刻理解导游的各项职业规范与要求。

本项目分为理解导游内涵与类型,牢记导游工作职责,锻造导游职业素养和修炼导游礼仪四项任务。

知识导图

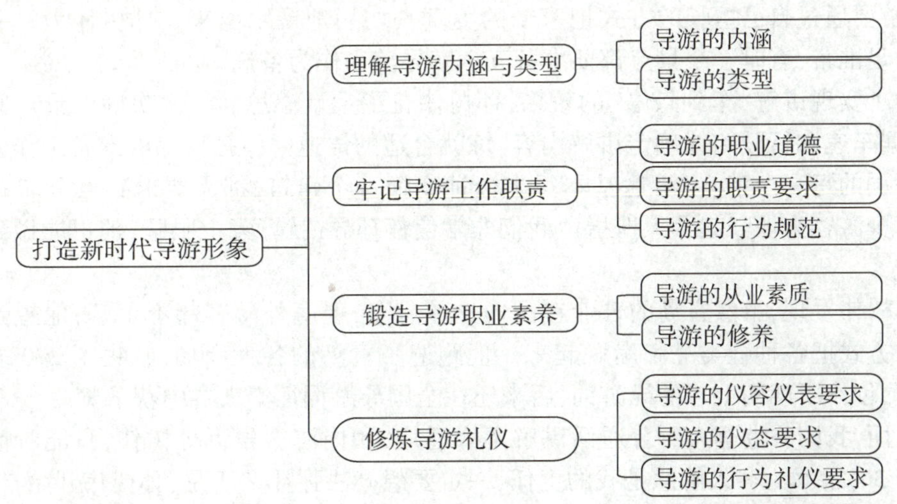

学习目标

1. 素质目标：

(1)培养认真细致的工作态度,养成爱劳动和自主学习的良好习惯。

(2)树立责任意识和职业自豪感。

(3)培育精益求精的工匠精神、吃苦耐劳的劳动精神,培养服务意识。

(4)培养团队精神,筑牢帮扶意识。

2. 知识目标：

(1)理解导游的内涵与类型。

(2)深刻理解并牢记各类导游的职责与要求。

(3)深刻领会导游职业素养。

(4)熟知导游行为规范。

(5)明晰导游仪容仪表要求。

3. 能力目标：

(1)能够充分认识导游的内涵和类型,做好导游职业规划。

(2)能够根据导游职责要求,不断学习,提升业务水平。

(3)能够培养导游职业素养,严于律己,规范言行。

(4)能够在工作中根据要求展现出导游良好的仪容仪表。

思政案例

不负热爱,做行业的守望者

2022年5月,山东青岛的导游孙树伟与来自全国各地的15位同行一起被评为全国特级导游。领奖台对于孙树伟来说并不陌生,"全国模范导游员"、"全国名导进课堂工程国家师资库"成员、"青岛旅游活字典"……在导游一线岗位上,孙树伟坚守了33年,获得了诸多荣誉。

导游要做到随机应变,把客人最感兴趣的内容讲给他们听。说教式的讲解没人爱听,导游要通过自己擅长的方式把家乡的美真真切切地展示出来。孙树伟为每一次讲解都做足准备,有时一个景点都要准备五六套导游词作为备选。

为了实现讲解"车到景停"的效果,孙树伟花了大量心思。一次次确认景点间的距离,根据车速和行驶路线确定讲解内容,练就合适的语速……孙树伟的准备工作会精确到讲解词的每一个字。"沿途基本每半分钟变换一个建筑,都需要卡到点上。"孙树伟说。不少游客为他竖起了大拇指,"我们非常信任孙导,就算蒙上眼睛,他也能做到准确无误"。

孙树伟发现,虽然青岛的鞋业在国内比较有名,但海外游客却不了解,他想到用报菜名的方式把各种鞋类品牌串联起来。他跑遍了青岛的各大商场,收集了200多种鞋类品牌,创作了朗朗上口的导游词,后来还在全国导游词征集大赛中获了奖。

然而,我国香港客人听普通话讲解不太适应,团内游客告诉孙树伟,只能听懂讲解内容的30%。"为客人解惑是我的责任,一定要想办法弥补。"于是,孙树伟开始自学,仅一年时间,他就能够熟练地用粤语讲解山东的所有景点,连评书和贯口都创作出了粤语版本。

青岛消火栓的数量、道路的长度、当年高考考生的人数……入行至今，孙树伟把这些看似冷门的知识牢牢刻在了脑子里。"没有不愿听的客人，只有不会讲的导游。当导游就必须要成为一个'杂家'。"多年以来，他从未停止积累，读书、剪报，从电视节目中和网上找热点，上一秒是趣事，下一秒或许就被他编进了导游词。

当前形势下，导游必须做出改变。如今，不少景区都推出了智能讲解，只会讲景点的导游未来会被慢慢取代。孙树伟常提醒学生，在网上搜索某个词条，可能会弹出一万条解释，而导游需要去其糟粕，取其精华，将最精彩的内容浓缩在半分钟之内讲清楚。

眼下，孙树伟正带领团队研究"好客山东"导游服务标准。他说道："导游带团服务要规范，要把细节做优、做精，小到带团举旗时用哪只手、举旗高度、讲解时麦克风离嘴多远等。只有规范才能形成导游群体独有的风格。"

除了拥有导游身份，很多人还会用"民间厨神"来称呼孙树伟。作为全国烹饪大赛的获奖选手，他不仅把厨艺修炼得炉火纯青，还用创新报菜名的方式推介青岛美食。他希望将旅游与美食结合在一起，借助美食宣传青岛的文旅资源。在孙树伟看来，导游要成为多面手，要讲得了故事、做得了直播，跳出导游自身，用己所长、尽己所能，比如：深耕"导游+文艺""导游+美食""导游+建筑"。

对于孙树伟来说，特级导游是一份沉甸甸的责任，今后要发挥更大能量，讲好中国故事，坚守好自己的责任与使命，挖掘自身价值，赢得更大的市场。

（资料来源：唐伯依.全国特级导游孙树伟：做行业的守望者[OL].中国旅游报，2022-06-30.）

案例思考："新时代，新形势"，导游职业面临着诸多挑战，面对实践中遇到的新问题，要坚持问题导向，提出真正解决问题的新理念新思路新办法。导游要从原来单一的讲解服务，转型为更全面的生活服务，在做好基础讲解和服务的同时，还要勇敢尝试，不断挖掘自身价值，理好自己的发展路径，不懈耕耘奋进。

理解导游内涵与类型

案例引入

又到了一年一度的十一国庆长假，吕小导想给自己安排一次5~7天的云南旅行，也想通过此次旅行换位感受一下游客的需求。吕小导利用互联网搜索、刷抖音的方式了解云南旅游的相关信息，他发现大量自称云南当地导游的人发布了很多视频，并留下联系方式，说是可以提供导游服务。他们是真的导游吗？吕小导是否可以相信他们，选择他们提供的旅游服务？这些服务是否存在风险？

任务要求

导游是指取得导游资格证，接受旅行社委派，为游客提供向导、讲解及其他服务的人员。导游有严格的从业标准，我们要了解不同的导游类型，深刻地认识导游的内涵，依法、依规开展导游工作。本任务主要包括导游的内涵和导游的类型两项内容。

相关知识

现在请你思考导游的内涵是怎样的？导游的类型可以如何划分？

扫描二维码，一起学习吧。

任务实施

1. 组建小组，选举组长，收集全国优秀导游事迹的素材，讨论优秀的导游们是如何迎接挑战，发扬导游职业精神，拓宽职业道路的。

2. 小组分工协作，整理素材，分析优秀导游们所具备的共性特征和独特魅力。

3. 制作PPT，进行分组汇报展示。

4. 观看其他组的展示，并听取教师点评。

5. 小组成员共同完成任务后，讨论过程中的不足与闪光点，分析现场完成情况，交流收获、感悟并反思，完成知识学习和实战技能经验的积累和优化。

6. 挖掘自身优点，明确个人职业定位。

任务评价:

按照任务评分表的评分标准进行自评、学生互评和教师评价,并进行加权(权重由教师设置,参考权重设置:自评10%、学生互评30%、教师评价60%)计算,评选出最佳任务小组,教师可根据实际情况给予适当的奖励。

任务评分表

<table>
<tr><td colspan="2">考核项目:优秀导游事迹分享</td><td>班级:</td><td>姓名:</td></tr>
<tr><td colspan="2">小组名称:</td><td colspan="2">小组组长:</td></tr>
<tr><td colspan="4">小组成员:</td></tr>
<tr><td rowspan="6">总体评价</td><td rowspan="3">完成时间</td><td>提前</td><td></td></tr>
<tr><td>准时</td><td></td></tr>
<tr><td>超时</td><td></td></tr>
<tr><td rowspan="3">完成质量</td><td>优秀</td><td></td></tr>
<tr><td>良好</td><td></td></tr>
<tr><td>有待改进</td><td></td></tr>
<tr><td rowspan="7">过程评价</td><td>评价标准</td><td>分值</td><td>得分</td></tr>
<tr><td>运用多种渠道,主动学习相关知识,提升能力</td><td>10</td><td></td></tr>
<tr><td>学习态度端正,精神风貌良好</td><td>20</td><td></td></tr>
<tr><td>优秀导游事迹素材收集充分</td><td>20</td><td></td></tr>
<tr><td>优秀导游特质提炼准确,汇报展示内容完整,分析到位,表达流畅</td><td>30</td><td></td></tr>
<tr><td>认真地进行自我分析,明确个人职业定位</td><td>10</td><td></td></tr>
<tr><td>小组合作</td><td>10</td><td></td></tr>
<tr><td colspan="2">总分</td><td>100</td><td></td></tr>
</table>

课后任务

1. 思考题

目前网络上涌现了大量的旅游自媒体人,他们晒行程、晒景点、晒特产、晒各种与旅游相关的信息,他们属于导游吗？他们的工作与导游的工作有什么区别与联系？

2. 简答题

(1)导游的内涵。

(2)导游可以按照哪些方式进行划分？

(3)按照技术等级,我国导游有哪些类型？

牢记导游工作职责

案例引入

网上宣传可以提供云南导游服务的人员非常多,吕小导通过考察平台,观察这些“导游”的账号信息,根据发布的内容、与网友互动情况、网络评价等信息筛选出了3个大致符合自己要求的“导游”,并与他们取得了联系,现在他想利用自己的专业知识分别考察一下这3个导游,他要如何做才能挑选到最适合自己的导游呢?

任务要求

改革开放以来,我国导游工作发生了较大的变化,著名导游专家王连义认为,当今导游要真正做好导游服务工作,真正成为游客喜欢的导游,必须当好“八大员”,即国情讲解员、导游翻译员、旅游协调员、生活服务员、安全保卫员、情况调查员、座谈报告员和经济统计员。导游的一言一行都影响深远,不但代表着个人形象,更代表着企业、地区乃至国家的形象。从事导游工作,不但要牢记导游的工作职责,严格遵守导游的行为规范,更要具备导游的职业道德。本任务主要包括导游的职业道德、导游的职责要求和导游的行为规范三项内容。

相关知识

现在请你思考导游的职业道德包括哪些内容?导游的职责要求是什么?导游的行为规范又是怎样的?

扫描二维码,一起学习吧。

任务实施

1. 组建小组,选举组长,组织开展导游工作职责调查。
2. 小组通过多种渠道获取导游岗位信息,熟悉导游岗位的职责与工作内容,导游行为规范的要求和导游职业道德。
3. 制作导游岗位工作要求和职业道德汇报PPT,进行小组间的分享与讨论。
4. 观看其他组的展示,并听取教师点评。
5. 小组成员共同完成任务后,讨论过程中的不足与闪光点,分析现场完成情况,交流收获、感悟并反思,完成知识学习和实战技能经验的积累和优化。
6. 每个人结合自身的优缺点,制定优秀导游成长规划。

任务评价：

按照任务评分表的评分标准进行自评、学生互评和教师评价，并进行加权（权重由教师设置，参考权重设置：自评 10%、学生互评 30%、教师评价 60%）计算，评选出最佳任务小组，教师可根据实际情况给予适当的奖励。

任务评分表

<table>
<tr><td colspan="2">考核项目：熟悉导游工作职责和职业道德</td><td>班级：</td><td>姓名：</td></tr>
<tr><td colspan="2">小组名称：</td><td colspan="2">小组组长：</td></tr>
<tr><td colspan="4">小组成员：</td></tr>
<tr><td rowspan="6">总体评价</td><td rowspan="3">完成时间</td><td>提前</td><td></td></tr>
<tr><td>准时</td><td></td></tr>
<tr><td>超时</td><td></td></tr>
<tr><td rowspan="3">完成质量</td><td>优秀</td><td></td></tr>
<tr><td>良好</td><td></td></tr>
<tr><td>有待改进</td><td></td></tr>
<tr><td rowspan="7">过程评价</td><td>评价标准</td><td>分值</td><td>得分</td></tr>
<tr><td>运用多种渠道，主动学习相关知识，提升能力</td><td>10</td><td></td></tr>
<tr><td>工作态度端正，精神风貌良好</td><td>20</td><td></td></tr>
<tr><td>了解导游工作内容与工作职责</td><td>20</td><td></td></tr>
<tr><td>准确总结导游职业道德及行为规范</td><td>20</td><td></td></tr>
<tr><td>合理制定优秀导游成长规划</td><td>20</td><td></td></tr>
<tr><td>小组合作</td><td>10</td><td></td></tr>
<tr><td colspan="2">总分</td><td>100</td><td></td></tr>
</table>

课后任务

1. 思考题

导游工作集体是由全陪、地陪和领队组成的，他们各司其职，但却有着共同的利益，作为全陪，当你发现地陪带游客去不在行程计划内的购物店时，你需要如何做？

2. 简答题

(1)请你说一说导游应该具备的职业道德。

(2)导游应该遵守的行为规范有哪些？

锻造导游职业素养

案例引入

十一国庆长假，吕小导终于来到了心心念念的云南，接站的是吕小导通过严格筛选确定的一名当地导游，他是一名同样学习旅游管理专业的本地大三学生，该名同学在大二期间就考取了导游资格证，并挂靠到了当地的旅行社，做起了兼职导游。平时有时间他还会去探寻本地的旅游资源，并将其发布到互联网上，希望可以通过自己的努力为家乡带来更多的游客，助推本地旅游经济的发展。导游热情而又完善的服务，让吕小导深切感受到了旅游的魅力，也让吕小导开始反思，导游自身素质对导游服务水平的影响到底有多大？自己要如何做，才能成长为一名优秀的导游？

任务要求

旅游行业健康、快速的发展，离不开高素质导游的助力，我们要以“游客为本，服务至诚”为宗旨，立足岗位做贡献，全面提高从业人员的政治和业务素质，逐步规范行业行为，树立起积极、健康、文明的旅游行业新风尚，使旅游活动产生更大的社会效益和更高的经济效益。本任务主要包括导游的从业素质和导游的修养两项内容。

相关知识

现在请你思考导游的从业素质包括哪些内容？导游可以从哪几方面提升自身修养？

扫描二维码，一起学习吧。

任务实施

1. 以宣传家乡旅游资源为目的，收集素材，撰写宣传稿，制作宣传短视频。
2. 要求统一以“我热爱的家乡”为标题，可以自行拟副标题。
3. 独立完成宣传构思，确定宣传内容。
4. 独立完成宣传稿创作。
5. 同学间互帮互助完成宣传视频的制作。
6. 进行宣传视频展示，同学间相互学习，共同进步。
7. 观看其他组的展示，并听取教师点评。
8. 小组成员共同完成任务后，讨论过程中的不足与闪光点，分析现场完成情况，交流收获、感悟并反思，完成知识学习和实战技能经验的积累和优化。

任务评价：

按照任务评分表的评分标准进行自评、学生互评和教师评价，并进行加权（权重由教师设置，参考权重设置：自评 10%、学生互评 30%、教师评价 60%）计算，评选出最佳任务小组，教师可根据实际情况给予适当的奖励。

任务评分表

<table>
<tr><td colspan="2">考核项目：宣传我的家乡</td><td>班级：</td><td>姓名：</td></tr>
<tr><td colspan="2">小组名称：</td><td colspan="2">小组组长：</td></tr>
<tr><td colspan="4">小组成员：</td></tr>
<tr><td rowspan="6">总体评价</td><td rowspan="3">完成时间</td><td>提前</td><td></td></tr>
<tr><td>准时</td><td></td></tr>
<tr><td>超时</td><td></td></tr>
<tr><td rowspan="3">完成质量</td><td>优秀</td><td></td></tr>
<tr><td>良好</td><td></td></tr>
<tr><td>有待改进</td><td></td></tr>
<tr><td rowspan="7">过程评价</td><td>评价标准</td><td>分值</td><td>得分</td></tr>
<tr><td>运用多种渠道，主动学习相关知识，提升能力</td><td>10</td><td></td></tr>
<tr><td>学习态度端正，精神风貌良好</td><td>20</td><td></td></tr>
<tr><td>宣传准备工作充分</td><td>20</td><td></td></tr>
<tr><td>宣传稿内容完整，有吸引力</td><td>30</td><td></td></tr>
<tr><td>视频创作具有一定的新意</td><td>10</td><td></td></tr>
<tr><td>互帮互助</td><td>10</td><td></td></tr>
<tr><td colspan="2">总分</td><td>100</td><td></td></tr>
</table>

课后任务

1. 思考题

在导游工作中,如何践行社会主义核心价值观?

2. 简答题

(1)导游应该具备哪些良好的思想品德素养?

(2)导游应该具备哪些知识和能力?

(3)导游需要提高哪些自身修养?

修炼导游礼仪

案例引入

实习阶段的岗前培训马上就要结束了，吕小导对导游工作有了更加清晰的认识，同时也意识到自己还有很多需要学习的地方，比如，现在他就遇到了一个难题。近期实习单位要举办一次本公司的周年庆，很多同行都会来参加，吕小导要参与完成接待工作。这次接待工作中的礼仪表现是岗前培训的一项重要考核内容，吕小导要如何做才能顺利通过考核？

任务要求

导游需要时刻与游客打交道，良好的仪容仪表是获得顾客好感的第一步，言谈举止则表现出个人修养，人际交往则影响着导游的服务能力，它们都是导游风貌的重要体现，良好的礼仪表现非一日之功，必须要持之以恒地加以修炼。本任务主要包括导游的仪容仪表要求、导游的仪态要求和导游的行为礼仪要求三项内容。

相关知识

现在请你思考导游的仪容仪表应符合哪些要求？导游的仪态要求包括哪些方面？导游的行为礼仪要求包括哪些方面？

扫描二维码，一起学习吧。

任务实施

1. 按照导游的职业形象要求，结合自身特点，进行导游工作期间的仪容仪表装扮。
2. 结合导游的职业形象，为自己准备不同场合的服饰搭配。
3. 按照行为礼仪要求，锻炼见面、交谈和赴宴礼节。
4. 进行各项礼仪修炼成果演示。
5. 同学间相互观摩、交流与学习，共同进步。
6. 观看其他组的展示，并听取教师点评。
7. 小组成员共同完成任务后，讨论过程中的不足与闪光点，分析现场完成情况，交流收获、感悟并反思，完成知识学习和实战技能经验的积累和优化。

任务评价：

按照任务评分表的评分标准进行自评、学生互评和教师评价，并进行加权（权重由教师设置，参考权重设置：自评 10%、学生互评 30%、教师评价 60%）计算，评选出最佳任务小组，教师可根据实际情况给予适当的奖励。

任务评分表

考核项目：修炼导游礼仪		班级：	姓名：
总体评价	完成时间	提前	
		准时	
		超时	
	完成质量	优秀	
		良好	
		有待改进	
过程评价	评价标准	分值	得分
	运用多种渠道，主动学习相关知识，提升能力	10	
	学习态度端正，精神风貌良好	20	
	仪容仪表规范	20	
	服饰搭配正确	20	
	行为举止流畅、舒适	20	
	互帮互助	10	
总分		100	

课后任务

1. 思考题

有人认为心灵美才是真的美,仪容仪表只是外在表现,不用太在乎,你认同这个观点么？作为导游,你会如何维护自己的形象？

2. 简答题

(1)男士穿着西装有什么要求？

(2)导游的仪态要求有哪些？

(3)导游在日常交往中要注意哪些礼节？

模块二

导游服务

服务准备

俗话说，“不打无准备之仗”“凡事预则立，不预则废”，导游做好前期的准备工作是向游客提供良好服务的前提和基础。导游的服务准备工作应细致、周密、完备，心中有数方能有备无患，脚踏实地地打磨细节，才能保障旅游活动的顺利进行，打造令人满意的旅游服务体验。

本项目分为熟悉接待计划，落实接待事宜和进入职业角色三项任务。

知识导图

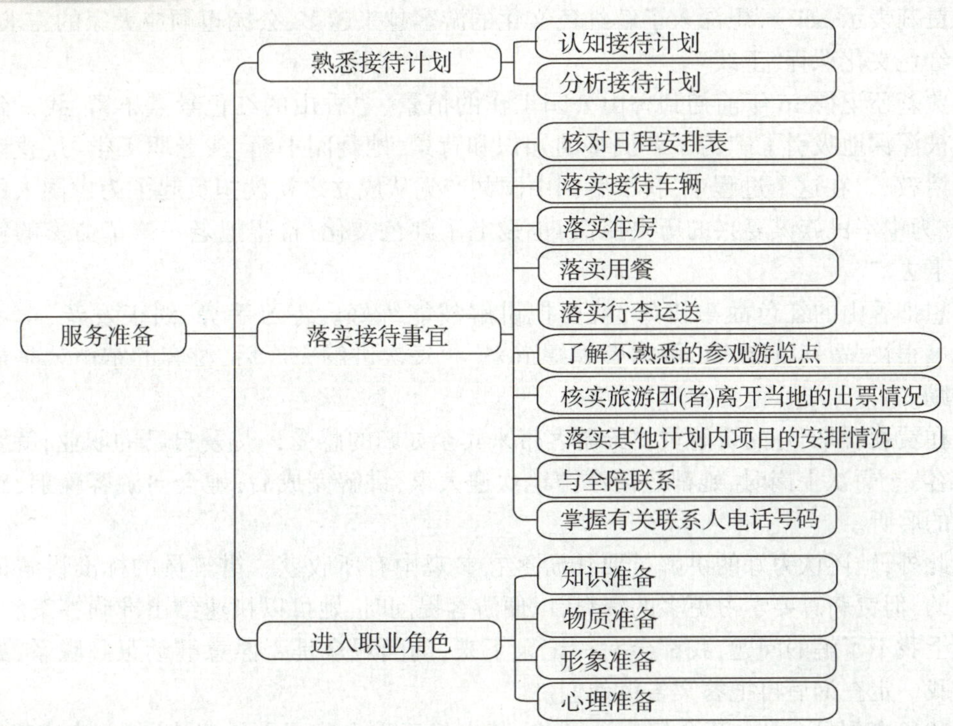

学习目标

1. 素质目标:

(1)培养认真细致的工作态度,树立规范化和精细化的服务意识。

(2)树立责任意识和安全意识。

(3)培养团队精神,筑牢帮扶意识。

2. 知识目标:

(1)熟悉接待计划的具体内容。

(2)熟悉卫生和安全常识。

(3)掌握导游带团必备的物品。

(4)掌握导游职业形象要求。

3. 能力目标:

(1)能够独立分析旅游接待计划,做好应急预案。

(2)能够掌握接待计划中要素的核实方法。

(3)能够明确定位并正确进入职业角色。

思政案例

香山公园“金牌导游”贾莉:我要把香山的红色故事讲好

贾莉站得端庄,笑容亲和,这是她多年服务游客的仪态。2006 年,贾莉来到香山公园,成为一名讲解员。16 个春秋,她把香山的红色故事讲了无数遍,她说,“每一次重新讲起,还是一样的心潮澎湃”。

在谈起近些年的服务经历时,北京市第十三次党代会党代表、香山公园导游客服队班长贾莉表示,如今,想深入了解红色文化的游客越来越多,公园也顺应大家的需求,将香山红色文化课程“上线”。

贾莉还记得 16 年前初到香山公园工作的情景。“香山的红色景点丰富,我一到这里就被深深地吸引了。”为了解更多的知识和背景,她翻阅书籍、找老职工学习、找专家学者请教。“在这个过程中,我了解到中国共产党从成立之初就担负起了为中国人民谋幸福、为中华民族谋复兴的历史使命,也爱上了红色文化,希望把老一辈革命家的精神传承下去。”

想把香山的红色故事讲好,就要把讲解技能练好。练习手势、纠正发音、学习党史……很快,贾莉就能将讲解内容娓娓道来。“每次讲解完成后,游客的掌声就是最好的鼓励。”

在贾莉看来,好的讲解员要给游客带来宾至如归的感受,“热爱自己的职业,就要尊重游客”。每次上岗时,她都热情洋溢地欢迎大家,讲解完成后,她会向游客鞠躬,感谢大家的聆听。

此外,她还认为好的讲解员要让游客在参观中有所收获。讲解员的标准讲解词是相同的,但贾莉总要学习更多的资料,以便游客提问时,她可以快速给出准确答案。“如果遇上我不了解的问题,我都会一一记录下来,询问观众是否愿意继续跟我联系,如果愿意我一定查询后再把答案告诉他们。”

2019 年秋天,香山革命纪念地开放,其中位于香山公园内的双清别墅、来青轩等 8

处革命旧址迎来了络绎不绝的游客。"如今,想要深入了解红色文化的游客越来越多,很多年轻的家长带着孩子主动寻找讲解员,在游览的过程中学习党史。"

串联起八处旧址的全程讲解需要两个多小时,贾莉从山下到山上再回到山下,其他游客可以戴遮阳帽、打伞、喝水、坐下休息,贾莉虽没有这些"装备"和补给,但她一直面带微笑,专注地将丰富的信息以最生动的方式讲给大家。

2021年"五一"前夕,贾莉作为北京市先进工作者,受邀担任全国劳模图片展首席讲解员。由于拿到讲解词的时间较晚,她需要用一周的时间完成三万字讲解词的背诵。"劳模的先进事迹和精神非常感人,我读讲解词时就被深深打动了,感动的同时就记住了这些事迹。"贾莉说,最大的难点在于时间,即劳模在哪一年做了什么事儿,获得了什么荣誉。

在那一周,贾莉除了吃饭和睡觉,其余时间几乎都在背诵。"有时候半夜醒了,就把稿子再过一遍,容易忘的地方也多背一遍。背完就精神了,很难再入睡。"最终上岗讲解时,她以饱满的状态向参观者传递了最准确的信息。

为满足公众需求,香山公园红色资源教育优势已经"上线"。贾莉说,今年香山公园首次推出"香山红色文化课程",并在海淀区中小学资源平台上线。"为了使同学们能够更加直观地感受香山红色文化,我们在实地进行拍摄,在讲述的过程中加入启发引导,边讲述边提出问题,还结合文物展品背后的故事,增加了红色故事讲述、红色诗词朗诵等内容。"

近年来,在贾莉的带领下,讲解团队在各类讲解中都取得了优异成绩,香山公园连续3年推选贾莉在内的6名讲解员参加北京市红色故事讲解大赛,均荣获专业组、志愿组"金牌讲解员"荣誉称号。

贾莉说:"这些年,我多次走进机关单位、高校、社区,巡回宣讲香山红色故事和革命精神,很多人对香山红色文化产生了浓厚兴趣。作为导游客服队班长,我希望发挥双语讲解的优势,带出一支多语种的红色文化传播队伍。"

(**资料来源:**张璐.香山公园"金牌导游"贾莉:我要把香山的红色故事讲好[OL].新京报网,2022-06-26.)

案例思考:用好红色资源,传递社会主义核心价值观,是导游的职业责任与光荣使命,认真细致的工作态度,规范化和精细化的服务意识是导游必备的职业素养,踏踏实实做好服务准备,兢兢业业做好每一次讲解,方能成就令游客满意的旅游服务体验。

熟悉接待计划

案例引入

新导游吕小导作为地方导游三天后负责接待一个来自外地的旅游团队。接到任务后,吕小导拿着旅游接待计划和日程安排表研读了好几遍,圈出了几个重点的地方,又把导游词重新背诵了好几遍,努力了几个晚上,终于到了接团的日子。

整个游览过程非常顺利,游客对吕小导精彩的讲解和细心的服务赞不绝口,尤其是在独乐寺的参观游览过程中,吕小导对于独乐寺山门、观音阁等建筑的讲解和剖析令在场的建筑师游客们刮目相看,游客们没想到一位导游能把古建筑分析得如此到位,可见吕小导对于家乡美景和传统文化的热爱,并将其融入自己工作中。

吕小导得到了游客的赞誉,心中的自豪感油然而生,对于导游这份职业的坚守和热爱又笃定了一分。原来吕小导拿到接待计划后,在熟悉旅游团成员的时候,注意到了这次旅行是一个建筑设计公司的团建活动,大多数游客都是建筑设计师,于是吕小导专门去查阅了有关的资料,了解了建筑行业的一些专业术语,并将这些术语融入导游词中,收获了游客的好评。

任务要求

导游接受任务后,在旅游团抵达前,应认真阅读、思考接待计划和有关资料,详细、准确地了解旅游团的服务项目和要求,对其中的重点或疑难之处做好记录。本任务主要包括认知接待计划和分析接待计划两项内容。

相关知识

现在请你思考什么是接待计划?接待计划中都包括哪些内容?分析接待计划时应从哪些方面入手?

扫描二维码,一起学习吧。

任务实施

1. 组建小组,选举组长,完成地陪导游带团任务。

2. 每个小组从多份不同的旅游接待计划中抽选一份接待计划。多份接待计划可以设置为不同团型(如老年团、研学团、教师团、亲子团、华侨团等),不同线路,不同季节,不同客源地和不同特殊情况。

3. 小组成员共同研读接待计划，实地考察或利用电子地图线上调查旅游线路，熟悉景点的位置和分布情况。

4. 小组成员讨论、分析接待计划，列出行程中的特殊要求和注意事项并将不清楚或者有疑问的重点情况做好标记。

5. 小组成员一起研讨，对于旅游接待计划中不清楚的事项以及需要调整的情况，采取角色模拟的方式与旅行社计调员进行情景对话，最后确定旅游团行程安排或者行程变更预案以及接待中的特殊要求和注意事项，做好确认记录。

6. 小组成员共同完成任务后，讨论过程中的不足与闪光点，分析现场完成情况，交流收获、感悟并反思，完成知识学习和实战技能经验的积累和优化。

任务评价:

按照任务评分表的评分标准进行自评、学生互评和教师评价，并进行加权（权重由教师设置，参考权重设置：自评 10%、学生互评 30%、教师评价 60%）计算，评选出最佳任务小组，教师可根据实际情况给予适当的奖励。

任务评分表

<table>
<tr><td colspan="2">考核项目：熟悉接待计划</td><td>班级：</td><td>姓名：</td></tr>
<tr><td colspan="2">小组名称：</td><td colspan="2">小组组长：</td></tr>
<tr><td colspan="4">小组成员：</td></tr>
<tr><td rowspan="6">总体评价</td><td rowspan="3">完成时间</td><td>提前</td><td></td></tr>
<tr><td>准时</td><td></td></tr>
<tr><td>超时</td><td></td></tr>
<tr><td rowspan="3">完成质量</td><td>优秀</td><td></td></tr>
<tr><td>良好</td><td></td></tr>
<tr><td>有待改进</td><td></td></tr>
<tr><td rowspan="7">过程评价</td><td>评价标准</td><td>分值</td><td>得分</td></tr>
<tr><td>运用多种渠道，主动学习相关知识，提升能力</td><td>10</td><td></td></tr>
<tr><td>工作态度端正，精神风貌良好</td><td>20</td><td></td></tr>
<tr><td>了解旅游接待计划</td><td>20</td><td></td></tr>
<tr><td>确认相关信息</td><td>20</td><td></td></tr>
<tr><td>服务具有针对性</td><td>20</td><td></td></tr>
<tr><td>小组合作</td><td>10</td><td></td></tr>
<tr><td colspan="2">总分</td><td>100</td><td></td></tr>
</table>

课后任务

1. 思考题

作为一名导游,你接到旅游接待计划时是否会核对计划中旅游线路的安排是否合理,有无不妥的地方？如果你发现了线路安排得不合理,你会如何处理？

2. 简答题

(1)如何分析行程计划？

(2)如何分析旅游团的特点？

(3)针对不同游客,导游的注意事项有哪些？

落实接待事宜

案例引入

新导游吕小导作为地方导游三天后负责接待一个来自外地的旅游团队。在机场接上团队来到下榻饭店，没想到饭店的停车场离饭店还有一段距离，游客拉着沉重的行李走了很久才到达饭店。吕小导协助游客办理手续时在前台被告知没有三人间了。中午就餐时，吕小导更是傻了眼，这家餐厅没有按要求准备回民餐。后来吕小导兴致勃勃地带大家去海洋馆看海豚表演，却发现一周前表演时间已经做了调整。

一路上面对游客的抱怨和投诉，吕小导苦不堪言，又觉得十分委屈。

吕小导的问题出在哪里了呢？

任务要求

导游在旅游团抵达的前一天，应与有关部门或人员落实情况，检查旅游团的交通、食宿等事宜，保证接团工作顺利有序地进行。本任务主要包括核对日程安排表，落实接待车辆，落实住房，落实用餐，落实行李运送，了解不熟悉的参观游览点，核实旅游团(者)离开当地的出票情况，落实其他计划内项目的安排情况，与全陪联系和掌握有关联系人电话号码十项内容。

相关知识

现在请你思考落实接待计划都包括哪些内容？如何落实？落实过程中有哪些注意事项？

扫描二维码，一起学习吧。

任务实施

1. 组建小组，选举组长，完成地陪导游带团任务。

2. 每个小组从多份不同的旅游接待计划中抽选一份接待计划。多份接待计划可以设置为不同团型(如老年团、研学团、教师团、亲子团、华侨团等)，不同线路，不同季节，不同客源地和不同特殊情况。

3. 小组成员讨论、分析接待计划，列出行程中的特殊要求和注意事项并将不清楚或者有疑问的重点情况做好标记。

4. 小组成员一起研讨，对于旅游接待计划中不清楚的事项以及需要调整的情况，采取角色模拟的方式与旅行社计调进行情景对话，最后确定旅游团行程安排或者行程变更预案以及接待中的特殊要求和注意事项，做好确认记录。

5. 根据旅游接待计划，分析需要落实的接待事宜，确定落实接待事宜工作环节所需要的各种角色，小组成员进行角色扮演，模拟落实接待事宜情景对话并进行演练，录制视频并根据教师要求进行现场展示。

6. 观看其他组的展示，并听取教师点评。

7. 小组成员共同完成任务后，讨论过程中的不足与闪光点，分析现场完成情况，交流收获、感悟并反思，完成知识学习和实战技能经验的积累和优化。

任务评价：

按照任务评分表的评分标准进行自评、学生互评和教师评价，并进行加权（权重由教师设置，参考权重设置：自评 10%、学生互评 30%、教师评价 60%）计算，评选出最佳任务小组，教师可根据实际情况给予适当的奖励。

任务评分表

<table>
<tr><td colspan="2">考核项目：落实接待事宜</td><td>班级：</td><td>姓名：</td></tr>
<tr><td colspan="2">小组名称：</td><td colspan="2">小组组长：</td></tr>
<tr><td colspan="4">小组成员：</td></tr>
<tr><td rowspan="6">总体评价</td><td rowspan="3">完成时间</td><td>提前</td><td></td></tr>
<tr><td>准时</td><td></td></tr>
<tr><td>超时</td><td></td></tr>
<tr><td rowspan="3">完成质量</td><td>优秀</td><td></td></tr>
<tr><td>良好</td><td></td></tr>
<tr><td>有待改进</td><td></td></tr>
<tr><td rowspan="7">过程评价</td><td>评价标准</td><td>分值</td><td>得分</td></tr>
<tr><td>运用多种渠道，主动学习相关知识，提升能力</td><td>10</td><td></td></tr>
<tr><td>工作态度端正，精神风貌良好</td><td>20</td><td></td></tr>
<tr><td>分析落实事项</td><td>20</td><td></td></tr>
<tr><td>落实接待事宜</td><td>20</td><td></td></tr>
<tr><td>沟通顺畅</td><td>20</td><td></td></tr>
<tr><td>小组合作</td><td>10</td><td></td></tr>
<tr><td colspan="2">总分</td><td>100</td><td></td></tr>
</table>

课后任务

1. 思考题

作为一名导游,你在与合作方沟通落实接待事宜的时候,应注意哪些沟通技巧?

2. 简答题

(1)旅游团各项接待是由哪个部门的工作人员来安排的?

(2)如果不逐项落实接待事宜,可能会产生什么后果?

进入职业角色

案例引入

新导游吕小导作为地方导游三天后负责接待一个来自外地的旅游团队。接到任务后，吕小导认真准备了好几个晚上，终于到了接团的日子。

在游览过程中有一位游客一直在抱怨吕小导行程安排得太紧张，身体太累。吕小导解释一切安排都是按照旅游合同要求来的，同时也尽可能地照顾这位游客，多安排休息，但是这位游客一路上还是冷言冷语的态度。

面对这位游客的抱怨和不满情绪，吕小导苦不堪言，觉得十分委屈，一度默默流泪，甚至产生了放弃工作的想法。

吕小导的问题出在哪里了呢？

任务要求

为了尽快进入职业角色，在接团前，导游应根据所接旅游团的特点（如专业旅游团、特种旅游团）和计划参观的游览项目做好有关知识、语言和物质方面的准备。同时在接团前，导游要做好与所从事的职业相应的仪容、仪表方面的职业形象准备，给游客留下良好的印象，因为导游的自身美不仅关系个人形象，更重要的是关系目的地和旅游企业的形象。导游带团时面对的是来自天南海北的游客，会遇到各种各样的问题，甚至是游客的误解、抱怨和投诉，因此导游在带团前还要做好充分的心理准备。本任务主要包括知识准备、物质准备、形象准备和心理准备四项内容。

相关知识

现在请你思考导游在接团前应做好哪些知识准备、物质准备、形象准备和心理准备？

扫描二维码，一起学习吧。

任务实施

1. 组建小组，选举组长，完成地陪导游带团任务。

2. 每个小组从多份不同的旅游接待计划中抽选一份接待计划。多份接待计划可以设置为不同团型（如老年团、研学团、教师团、亲子团、华侨团等），不同线路，不同季节，不同客源地和不同特殊情况。

3. 小组成员讨论、分析接待计划，针对旅游团和线路的性质和特点，列出需要准备的相关知识和注意事项。根据所需知识点，以小组为单位，轮流向其他小组出题，答对积 1 分，答错扣 1 分，根据得分评选出知识冠军组，由教师给予奖励并颁发证书。

4. 小组成员根据导游职业形象要求，做好形象准备，每组推举一名成员进行导游职业形象展示，其他成员对于该成员形象展示进行讲解。

5. 小组成员共同探讨导游执业过程中可能遇到的心理压力、负面情绪以及外界带来的各种影响，推举 1 名成员扮演行业心理咨询师，为其他成员传递正能量，舒缓心理压力。

6. 小组成员共同完成任务后，讨论过程中的不足与闪光点，分析现场完成情况，交流收获、感悟并反思，完成知识学习和实战技能经验的积累和优化。

任务评价：

按照任务评分表的评分标准进行自评、学生互评和教师评价，并进行加权(权重由教师设置，参考权重设置：自评 10%、学生互评 30%、教师评价 60%)计算，评选出最佳任务小组，教师可根据实际情况给予适当的奖励。

任务评分表

考核项目：进入职业角色		班级：	姓名：
小组名称：		小组组长：	
小组成员：			
总体评价	完成时间	提前	
		准时	
		超时	
	完成质量	优秀	
		良好	
		有待改进	
过程评价	评价标准	分值	得分
	运用多种渠道，主动学习相关知识，提升能力	10	
	工作态度端正，精神风貌良好	20	
	知识问答	20	
	职业形象展示	20	
	心理疏导	20	
	小组合作	10	
总分		100	

课后任务

1. 思考题

(1) 如果你是一名游客,你希望见到的导游是什么样子的?

(2) 如果你是一名导游,你只能带三种物品上团,你会选择什么物品?

2. 简答题

一位游客在旅途过程中晕倒,导游随身携带了药物,是否可以立即让游客服用?

项目二 迎接服务

项目介绍

迎接服务是指地陪提前半小时到达机场、车站或码头为迎接旅游团所提供的各项服务。它在导游服务中至关重要,因为这是地陪在游客面前的首次亮相,应提供准时、热情、友好的迎接服务,以给游客留下美好的第一印象。

本项目分为接站服务、赴饭店途中服务和处理迎接问题三项任务。

知识导图

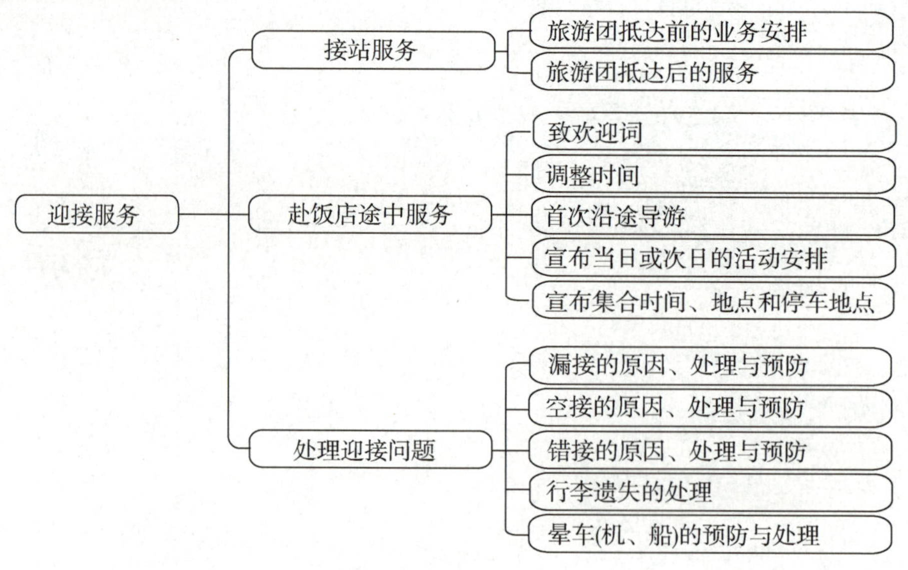

学习目标

1. 素质目标：

(1)培养认真细致的工作态度，树立规范化和精细化的服务意识。

(2)树立时间观念、责任意识和安全意识。

(3)培养团队精神，筑牢帮扶意识。

2. 知识目标：

(1)掌握接站服务的工作流程和具体内容。

(2)掌握赴饭店途中服务的工作流程和具体内容。

(3)掌握迎接过程中可能发生问题的应对方法和处理措施。

3. 能力目标：

(1)能够按照服务流程和规范，独立完成接站服务。

(2)能够按照服务流程和规范，独立完成赴饭店途中服务。

(3)能够正确预防和处理迎接过程中可能发生的问题。

思政案例

全国特级导游敖燕军：以主人的身份接待好每一位游客

“敬前辈，仰望与学习；谢师友，教诲与指导；扪心问，责任与压力；念情怀，初心与历程；叹疫情，艰辛与坚守；望未来，向阳与奋斗。”今年5月，海南导游敖燕军得知自己获评“全国特级导游”后，写下了这样一段话。

努力向上 初心不忘

“大家好，我姓敖，外号‘小黑我自豪’。来海南18年，我和海南一起换新颜。燕军是我的名，现在已是海南人。学旅游、做导游，导游要有一颗心，初心不忘向前进，向前进不遗憾，撸起袖子加油干。”熟悉敖燕军的人都知道，这段带着韵律的导游词是他带团时标志性的自我介绍。

而这也是敖燕军从业十几年的真实写照。从2008年入行起，做好海南的宣传员、营销员，就是他的职责与使命，他的这个想法从未改变。

刚入行时，敖燕军曾带过一个来自北京的旅游团。团中一位老大爷非常认真，多次拿出纸和笔，把敖燕军的讲解一一记录下来，写了满满几页纸。晚上回到酒店休息时，老大爷还喊敖燕军到自己的房间讨论。“小伙子，你讲得很好、很细致，把海南的山山水水、特色美食都讲活了。”老人家说。

敖燕军深受震撼，他下定决心，要讲得更生动、更有趣，让游客记住海南。他自创的“顺口溜”导游词，包括海南的行政区划、地形地貌、民俗风情、美食、交通等各方面。从业至今，敖燕军已创作了数十篇导游词。

一段成熟的导游词背后，是长时间的打磨与练习。“有时创作一个小片段就要七八天，而想要真正掌握并在游客面前讲得自然，则需要不断地试错与练习。”敖燕军总结了“听、看、记、背、练、总、悟、创”八字学习法，他说，只有不断学习、实践、感悟和创新，才能形成自己的风格。

为了讲好海南的文化景观，敖燕军深入研究了《黄帝内经》《道德经》等著作，以便在讲解时能融入中医养生、道家文化等知识点。他不会把枯燥的知识直接甩给游客，而是以“接地气”的方式将其穿插到生活的点点滴滴,比如,从晨练时老年人为什么要拍打身体讲起。

慢慢地,敖燕军形成了自己的讲解风格。凭借自己的努力,他获得了第四届全国导游大赛银奖、海南省导游大赛一等奖、最佳风采奖等荣誉。

服务至诚　将心比心

对待游客,导游要将心比心,有温度的服务才能收获信任,对此,敖燕军深信不疑。

2013 年春节期间,敖燕军接了一个广东团。除夕当晚,他早早地赶去机场接机,游客乘坐的飞机落地时已接近凌晨。“虽然他们是出来旅游的,但毕竟离开了家,心里一定还是期盼着团圆的。”敖燕军提前联系游客即将入住的酒店前台,请他们在游客入住后送上热气腾腾的水饺。团员们纷纷感叹:“这份来自异乡的惊喜实在太让人感动了。”

“派利是啦,给大家拜年!”大年初一一早,敖燕军带着早就准备好的红包给团员们拜年,红包里装着金元宝和金币形状的巧克力。那天,团员梁先生非常感动,至今仍与敖燕军保持着联络。5 月,当全国特级导游名单公布时,梁先生第一时间给敖燕军发来消息:“祝贺你,这是你努力的成果。”

在敖燕军看来,自己不仅仅是一名导游,而更应以主人的身份接待好每一位到海南旅游的游客。

2016 年,敖燕军接待了一个来自湖北的旅游团。行至博鳌,该团领队突发急性阑尾炎,敖燕军立即安顿好团队其他游客,带领队到医院打吊针、开药。“他对这里不熟悉,我有义务把他照顾好。”

敖燕军的真诚不只体现在对客服务上,在帮助新导游成长方面,他也毫无保留。“希望他们能少走弯路、快速成长。”他说。

2019 年,敖燕军入选文化和旅游部双师型师资人才培养项目,成为海南省旅游学校的一名教师。编写导游教材、带学生到景点实训、组织校园导游服务队、指导学生参加各类导游职业技能大赛……敖燕军尽己所能,探索着旅游职业教育与导游行业的最佳结合点。

开展公益活动是敖燕军一直坚持的事情。每年,他都会到海南部分高职院校开展公益讲座,为报考导游资格证的人员免费培训,为新生导游进行岗前培训等。“其实就是换位思考,我刚入行的时候,老导游也是这样带我、帮我的,这样的传帮带让人感觉非常温暖,帮助别人,也让自己感到快乐。”

未来可期　臻于匠心

如今,敖燕军正忙着筹备城市漫游项目,他设计了“风从南洋来——百年骑楼”“琼台福地——千年府城”“海南传奇——五公祠”等线路,带领游客重走海口老街、老城、老镇,为游客细细讲解城市的历史和来龙去脉,让更多人读懂海口、爱上海南。

“虽然受到疫情影响,旅游市场存在较大的不确定性,但是我们绝对不能躺平。没有长线团就带一日团、半日团,只要肯钻研,旧景点也能讲出新意。”敖燕军一直与同行互相鼓励,等待旅游市场的复苏。

行业的恢复离不开人才队伍的壮大,敖燕军还计划开办特级导游工作室,希望能聚集更多中高级导游人才,开展培训、组织活动,为他们的实践和提升提供阵地。

在海口百顺祥导游服务公司进行新导游培训时,敖燕军不断提醒新导游,导游不仅是景点、沿途线路的讲解员,还要做一个多面手,无论是 A 级旅游景区评定标准,还是酒店、民宿的行业知识,都要掌握。

发挥自己编创讲解词的优势,敖燕军计划编写"海南文明旅游顺口溜""海南旅游顺口溜",更新部分景点的解说词,加入自己的原创内容,丰富讲解词内涵,将引言、主体、结语按照自己摸索出的"公鸡头""孕妇肚""猴子尾"结构进行重新调整。

不仅如此,他还计划为每个景点的讲解词设计至少两个开头和两个结尾,以便新导游从不同角度和层次进行学习。"帮助他们更快入门,早日上手。"

就在上周,敖燕军参加了社区组织的抗疫志愿服务。他告诉记者,当他在纸上写下自己的职业是"导游"时,一种自豪感油然而生。"这也是我给年轻导游的建议,要时刻维持导游形象,做导游形象的维护者、践行者,传播行业正能量。"

(**资料来源:** 唐伯依.全国特级导游敖燕军:以主人的身份接待好每一位游客[OL].中国旅游报,2022-08-23.)

案例思考: 热爱工作,热爱旅游行业,唯有热爱才是进步的动力。想游客之所想,急游客之所急,服务至诚,敬业奉献,将心比心,有温度的导游服务才能收获信任,赢得游客和业内的赞誉。

任务一

接站服务

案例引入

新导游吕小导严格按照接待计划上标明的时间，提前半小时与司机到达机场等待来自外地的 20 人团队，确认飞机降落后迟迟等不来旅游团，他急忙找出全陪的电话却无法接通。这时地接社计调人员打来电话通知吕小导旅游团在上一站由于交通原因没有赶上计划航班，已改乘另一航班正飞往天津。吕小导又在机场等了一个多小时，终于接到了旅游团，为了把耽误的时间补回来，与全陪握手后，吕小导赶紧安排游客上车出发。到了饭店，有位游客突然找到吕小导，告知自己的行李少了一件，可能是忘在机场了，并且埋怨吕小导当时催得太急了，慌乱中自己忘拿了一件行李。

面对游客的埋怨，吕小导也很自责。你能说一说吕小导的问题出在哪里了吗？如果你是吕小导，你该怎么做？

任务要求

导游在旅游团抵达前，应做好充分的准备，尤其是在时间、联络等方面要确保精确无误，接到旅游团后，导游应继续保持认真的态度、高质量的导游服务，确保后续导游工作的顺利展开。本任务主要包括旅游团抵达前的业务安排和旅游团抵达后的服务两项内容。

相关知识

现在请你思考导游在旅游团抵达前有哪些业务安排？在旅游团抵达后又有哪些服务？

扫描二维码，一起学习吧。

任务实施

1. 组建小组，选举组长，完成地陪导游迎接旅游团的任务。

2. 每个小组从多份不同的旅游接待计划中抽选一份接待计划。多份接待计划可以设置为不同团型（如老年团、研学团、教师团、亲子团、华侨团等），不同线路，不同季节，不同客源地和不同特殊情况。

3. 小组成员讨论、分析该旅游团的特点和线路特点，列出在接站过程中需要的物品和找认旅游团的方法。

4. 制作接站过程中会用到的接站牌和旅行社社旗，根据接待计划中涉及的任务角色现场模拟完成机场、车站或码头的接站服务，并进行展示。

5. 观看其他组的展示，并听取教师点评。

6. 小组成员共同完成任务后，讨论过程中的不足与闪光点，分析现场完成情况，交流收获、感悟并反思，完成知识学习和实战技能经验的积累和优化。

任务评价：

按照任务评分表的评分标准进行自评、学生互评和教师评价，并进行加权（权重由教师设置，参考权重设置：自评10%、学生互评30%、教师评价60%）计算，评选出最佳任务小组，教师可根据实际情况给予适当的奖励。

任务评分表

<table>
<tr><td colspan="2">考核项目：接站服务</td><td>班级：</td><td>姓名：</td></tr>
<tr><td colspan="2">小组名称：</td><td colspan="2">小组组长：</td></tr>
<tr><td colspan="4">小组成员：</td></tr>
<tr><td rowspan="6">总体评价</td><td rowspan="3">完成时间</td><td>提前</td><td></td></tr>
<tr><td>准时</td><td></td></tr>
<tr><td>超时</td><td></td></tr>
<tr><td rowspan="3">完成质量</td><td>优秀</td><td></td></tr>
<tr><td>良好</td><td></td></tr>
<tr><td>有待改进</td><td></td></tr>
<tr><td rowspan="7">过程评价</td><td>评价标准</td><td>分值</td><td>得分</td></tr>
<tr><td>运用多种渠道，主动学习相关知识，提升能力</td><td>10</td><td></td></tr>
<tr><td>工作态度端正，精神风貌良好</td><td>20</td><td></td></tr>
<tr><td>研读旅游接待计划</td><td>20</td><td></td></tr>
<tr><td>旅游团抵达前的业务工作</td><td>20</td><td></td></tr>
<tr><td>旅游团抵达后的服务工作</td><td>20</td><td></td></tr>
<tr><td>小组合作</td><td>10</td><td></td></tr>
<tr><td colspan="2">总分</td><td>100</td><td></td></tr>
</table>

课后任务

1. 思考题

接站时，地陪导游发现实际到站游客数多于接待计划中的游客数，地陪应如何处理？

2. 简答题

(1)游客出站时，地陪导游如何快速找认旅游团？

(2)面对不同团型，地陪导游接站时可能会遇到哪些问题？

赴饭店途中服务

案例引入

新导游吕小导作为地方导游负责接待来自越南的旅游团。在机场接到游客后，吕小导带领大家上车准备前往入住饭店，一路上吕小导使出浑身解数为大家讲解，致欢迎词，沿途风光讲解，大家都非常高兴。到了饭店临下车前，吕小导宣布了次日的活动安排、集合时间和地点。

到了第二天集合的时间，吕小导却没有等到大家，吕小导联系了领队却被告知还没到集合时间，这是怎么回事呢？

吕小导的问题出在哪了呢？

任务要求

从机场（车站、码头）前往下榻饭店的行车途中，地陪除了要表现出热情友好的态度之外，还应在气质、学识和语言方面展现其职业素养，以赢得游客的信赖，给他们留下可信、可靠的第一印象。本任务主要包括致欢迎词，调整时间，首次沿途导游，宣布当日或次日的活动安排和宣布集合时间、地点和停车地点五项内容。

相关知识

现在请你思考欢迎词都包括哪些内容？调整时间时时差如何换算？首次沿途导游过程中应介绍哪些内容？宣布活动安排、时间和集合地点时有哪些注意要点？

扫描二维码，一起学习吧。

任务实施

1. 组建小组，选举组长，完成地陪导游迎接旅游团的任务。

2. 每个小组从多份不同的入境旅游接待计划中抽选一份接待计划。多份接待计划可以设置为不同团型（如老年团、研学团、教师团、亲子团、华侨团等），不同线路，不同季节，不同客源国和不同特殊情况。

3. 小组成员讨论、分析接待计划，根据不同接待计划中的客源国家，计算时差。根据旅游团特点和线路特点，列出欢迎词要点，撰写适合的欢迎词。

4. 小组成员共同研讨，确定首次沿途导游线路，利用地图或实地考察的形式记录沿途景观分布及所用时间，对于旅游团入住的饭店进行实地调研或网络调研，了解饭店位置、距离、星级、规模、主要设施设备、饭店周边情况等，撰写沿途导游讲解词。

5. 根据旅游接待计划中所涉及的角色要求，小组成员进行角色扮演，模拟赴饭店途中的服务情景对话并进行演练，录制视频并根据教师要求进行现场展示。

6. 观看其他组的展示，并听取教师点评。

7. 小组成员共同完成任务后，讨论过程中的不足与闪光点，分析现场完成情况，交流收获、感悟并反思，完成知识学习和实战技能经验的积累和优化。

任务评价：

按照任务评分表的评分标准进行自评、学生互评和教师评价，并进行加权（权重由教师设置，参考权重设置：自评 10%、学生互评 30%、教师评价 60%）计算，评选出最佳任务小组，教师可根据实际情况给予适当的奖励。

任务评分表

考核项目：赴饭店途中服务		班级：	姓名：
小组名称：		小组组长：	
小组成员：			
总体评价	完成时间	提前	
		准时	
		超时	
	完成质量	优秀	
		良好	
		有待改进	
过程评价	评价标准	分值	得分
	运用多种渠道，主动学习相关知识，提升能力	10	
	工作态度端正，精神风貌良好	20	
	欢迎词讲解	20	
	时差换算	20	
	首次沿途导游	20	
	小组合作	10	
总分		100	

课后任务

1. 思考题

在撰写欢迎词时,如何做到有针对性?

2. 简答题

(1)欢迎词应包括哪几个方面内容?

(2)假设现在是北京时间早上8点钟,请你分别计算越南和日本现在是什么时间?

处理迎接问题

案例引入

这次新导游吕小导作为地方导游接待外地老年团,接团前他仔细研读了接待计划,与机场再三核实了飞机降落的时间,与司机商定好出发时间,就等出发接团了。就在这时,全陪导游打电话给吕小导,原来全陪导游和游客都已经出机场了,但是没找到吕小导。这是怎么回事?来不及细想,吕小导慌乱中赶忙赶往机场。到了机场,游客已经等得不耐烦了,扬言要投诉吕小导迟到。在前往酒店的路上,游客的不满挂在脸上,吕小导觉得十分委屈,明明仔细核对了时间,为什么游客早到了呢?

全陪导游告知吕小导,原来前一天晚上他们临时接到航空公司通知,被统一调配到了另一个航班,提前两小时到达。上一站地陪导游已将变更告知这站地接社,但不知道为什么吕小导没有接到通知。

吕小导的问题出在哪里了呢?

任务要求

在导游迎接旅游团的过程中,经常会遇到一些旅游事故或突发情况,为了尽量避免这些情况和问题的发生,导游在工作中一定要做到认真细致,反复核实,再三确认。即使问题发生了,也不要过分惊慌,强化责任意识,激发担当精神,尽最大努力尽快消除游客的不满和失落情绪,以最高质量的服务赢得游客的信任。本任务主要包括漏接的原因、处理与预防,空接的原因、处理与预防,错接的原因、处理与预防,行李遗失的处理和晕车(机、船)的预防与处理五项内容。

相关知识

现在请你思考什么是漏接、空接和错接?这些旅游事故发生的原因是什么?如何处理和预防?在旅游过程中,游客行李遗失该如何处理?游客发生晕车(机、船)情况该如何处理?

扫描二维码,一起学习吧。

任务实施

1. 组建小组,选举组长,完成地陪导游迎接旅游团的任务。
2. 每个小组从多份不同的旅游接待计划中抽选一份接待计划。多份接待计划可以设置为不同团型(如老年团、研学团、教师团、亲子团、华侨团等),不同线路,不同季节,不同客源地和不同特殊情况。

3. 小组成员讨论、分析接待计划,针对旅游团和线路的性质和特点,列出迎接服务过程中可能出现的问题,小组成员探讨预防措施和处理策略,根据角色需要,分配任务,编写迎接服务情境对话,模拟迎接服务流程并录制视频。

4. 课堂展示各小组模拟迎接服务,过程中由教师随机选取突发旅游事故或突发问题,各小组现场应变,继续模拟服务。

5. 观看其他组的展示,并听取教师点评。

6. 小组成员共同完成任务后,讨论过程中的不足与闪光点,分析现场完成情况,交流收获、感悟并反思,完成知识学习和实战技能经验的积累和优化。

任务评价:

按照任务评分表的评分标准进行自评、学生互评和教师评价,并进行加权(权重由教师设置,参考权重设置:自评10%、学生互评30%、教师评价60%)计算,评选出最佳任务小组,教师可根据实际情况给予适当的奖励。

任务评分表

考核项目:处理迎接问题		班级:	姓名:
小组名称:		小组组长:	
小组成员:			
总体评价	完成时间	提前	
		准时	
		超时	
	完成质量	优秀	
		良好	
		有待改进	
过程评价	评价标准	分值	得分
	运用多种渠道,主动学习相关知识,提升能力	10	
	工作态度端正,精神风貌良好	20	
	应变能力	20	
	旅游事故的处理	20	
	旅游突发问题的解决	20	
	小组合作	10	
总分		100	

课后任务

1. 思考题

面对不同团型的游客,地陪导游在接站时可能会遇到哪些问题?

2. 简答题

(1)如何预防漏接的发生?

(2)下了飞机,一名游客的行李没有取到,导游该如何处理呢?

项目三 入住服务

项目介绍

安居才能乐游,舒适、卫生、安全的居住环境是愉悦游览的重要保障因素。旅游团(者)抵达饭店时,导游应及时办妥住店手续,热情引导旅游者进入房间和认找自己的大件交运行李,并进行客房巡视,细致、周到地处理旅游团(者)入住过程中可能出现的各种问题。

本项目分为进住饭店服务和处理住宿问题两项任务。

知识导图

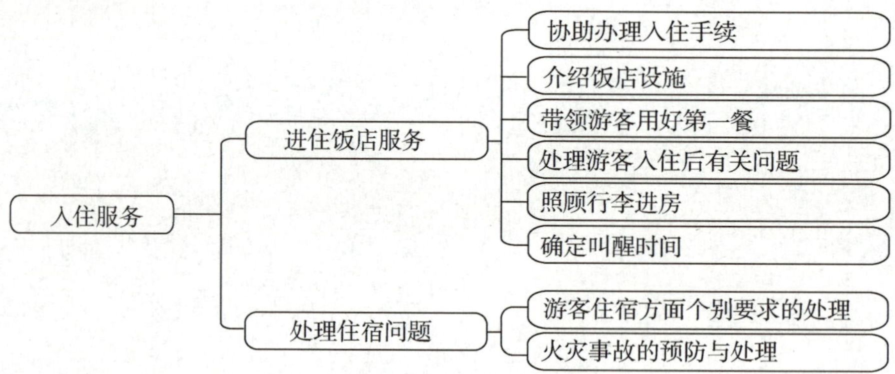

学习目标

1. 素质目标:

(1)培养认真细致的工作态度,树立规范化和精细化服务意识。

(2)树立责任意识和安全意识。

(3)培养团队精神,筑牢帮扶意识。

(4)倡导绿色环保住宿理念。

2. 知识目标:

(1)掌握入住服务的工作流程和具体内容。

(2)掌握游客在住宿方面特殊要求的处理方法。

(3)掌握住宿过程中可能发生问题的应对方法和处理措施。

3. 能力目标:

(1)能够按照服务流程和规范,独立完成入住服务。

(2)能够妥善处理游客提出的住宿方面的特殊要求。

(3)能够正确预防和处理住宿过程中可能发生的问题。

思政案例

全国特级导游韩兆君:让导游之路走得更稳更踏实

“获评全国特级导游,是对我20多年导游历程最好的褒奖,是一种莫大的荣耀和鼓励。一个人、一辈子、一件事,导游职业改变了我,也成就了我。”谈起获评感受,来自山东省泰安市导游协会的韩兆君如是说。

2012年获评全国优秀导游员,在第二届全国导游大赛中获三等奖,2017年获得第三届全国导游大赛银奖、最佳风采奖……回忆往事,韩兆君十分感慨:“全国特级导游时隔20多年后重评,给行业注入了强心剂,让大家觉得导游职业还是有奔头的,让我有了在这个行业坚持到底的决心。”

把自己武装到牙齿

2000年,从中职院校毕业后,学习财务会计专业的韩兆君面临就业压力。得知学校开办了导游培训班,他毫不犹豫地报了名。“必须要抓住机会拼一把。”3个月后,韩兆君考下了导游资格证,自此与导游行业结缘。

2001年,韩兆君接到了第一个团——来自河南的40名游客。可是,旅游目的地住宿条件十分有限。“客人住不好可怎么办?”正当韩兆君发愁该如何向游客解释时,一位游客宽慰的话点醒了韩兆君:“相比住得如何、吃得如何,我们希望的是听导游讲出有意义的东西,有所收获,才算没有白来。”

原来游客需要的是有深度的讲解。韩兆君下定决心,要努力提升自己的工作能力,把团带出温度,让游客记住这个叫韩兆君的导游。

韩兆君清楚,导游虽然是杂家,但更需要在某个方面做精、做专。此后,他跑遍了泰安的书店、书摊和夜市,把所有和泰山有关的书都买回来。当发现某个问题在不同的书上有不同说法时,他会再去请教研究泰山的专家。“要补足缺项,把自己武装到牙齿。”

从泰山一日游、泰山曲阜两日游到泰山曲阜济南三日游,乃至山东全线游;从接待外省游客、入境游客,到带团出境,韩兆君不断提升自己的业务技能。

20余年间,他阅读了大量名家散文集,将其中的知识点烂熟于胸。因为他深知,只有熟知不同地方的地域差异和文化特点,才能更好地服务游客。

做好预案是韩兆君多年以来形成的习惯。时至今日,每次带团前,他仍会重新准备讲解词,即使再熟悉不过的内容,也会仔细温习。他还会根据客人的不同年龄、职业、兴趣爱好,提前准备至少10个可能被游客提及的问题,有针对性地进行讲解。

人生在勤,不索何获。不断学习、不断重复是韩兆君的制胜法宝,他一直保持着每天手抄《论语》的习惯,研究不同学者的解读,提炼自己的观点,最终转化成讲解词。

把简单的事情做好

“从拿到导游资格证的那一刻起,我就格外珍视这份工作,把客人服务好,是我最大的心愿。”采访中，韩兆君笑称自己只是“简单相信、傻傻坚持”。

事实上，这份“坚持”韩兆君做得很用心。比如，服务老年团，客人入住后，他会挨个走进每间客房，了解客人的需求，帮老人连接无线网络、打开电视机、铺好防滑垫……事无巨细。

韩兆君曾接待过一个来自福建厦门的老年团。游览泰山时，由于当时风很大，下山的索道停运了。团里一位80多岁的老人走到半山腰身体就吃不消了，腿一直在发抖。韩兆君见状，毫不犹豫地背起老人，花了将近两个小时，才将老人背到山下。当时的韩兆君两腿发麻、大汗淋漓。

经过此事后，团员们称赞“这个小伙子有情有义”，提出请韩兆君到北京继续做他们的向导。可刚到北京，团内一位老大爷就病倒住进了医院。办理住院手续、照顾生活起居，韩兆君在老大爷床前守了整整两天。他说：“在大爷的家人没赶到之前，我就是他的孩子。”

20余年来，无论是接待老年旅游团，还是高校国学研修团、大型赛事观摩团，又或是境外参观团，韩兆君要求自己把每个团都当作第一个团来带，与每位客人真诚相处。“按部就班、踏踏实实，把简单的事情做好也是不平凡的”，他说。

带团如此，参赛亦是如此。在2017年举办的第三届全国导游大赛上，即兴创作导游词、比拼异地带团、神秘游客出题……在一个个“花式考验”面前，韩兆君应对自如，甚至能预判可能出现的问题。“我也没有什么特别的技巧，就是在平时带团中积累了很多经验。”最终，他获得了大赛的银奖。

每次为了安心比赛，韩兆君都会选择“闭关修炼”。停止带团，没有收入，但他依然能够静下心来做好准备。“参加大型赛事，可以让我有更快的提升。我既然决定要干一辈子导游，就要一步步地靠近梦想中的舞台，让余生的路走得更长、更宽、更厚实。”

希望他们像格桑花般绽放

“韩哥，真替你开心，你是我们的榜样，以后就奔着你的方向努力！”韩兆君获评全国特级导游后，不少年轻导游备受鼓舞。

早在2010年，韩兆君就在泰山职业技术学院旅管系担任兼职讲师。他不仅是学生眼中无所不知的韩老师，更是年轻导游心中的“老大哥”。导游员的岗前培训、参赛培训、金牌导游培训……在帮助年轻导游成长方面，韩兆君倾注了很多心血。“现在已经有不少学生成了我的同事，这是最让我开心的事情了”，韩兆君说。

为了让新人更快入门，韩兆君与同事们一起，配合当地文旅部门制作了导游讲解示范光盘，将导游员带团的全套流程演示出来。此外，他还参与编写了《畅游泰安·泰安市新编导游词》。

“原有导游词专业术语和学术知识太多，对导游员们来说不易掌握，我们想重新编写，让导游词更生动、更‘接地气’”，韩兆君说。这部由一线导游员创作编撰的导游词，现在已经成为泰安导游员的基础培训教材。

“做导游需要有一股韧劲，受到疫情影响，行业确实很难，但即使没有团带，导游也不能‘躺平’。”2020年8月，韩兆君开始了在青海省海北藏族自治州（以下简称“海北州”）职业技术学校的支教生涯，每年“驻守”10个月之久，教授旅游管理与德育课。

对于支教时光，韩兆君十分珍惜，恨不能倾其所有帮助到每个孩子，每次接到新班，他都会主动“亮明底牌”。“以前，我和大家一样，也是一名中职生，而今天，我站在讲堂前给大家授课,这足以证明只要你们想,只要你们努力,一切都有可能。”

他说:“希望每个孩子都能像青藏高原上的格桑花一样绽放。只要我的课对一位学生有帮助,我就没有白来。”

如今,在韩兆君的组织下,北京、江苏等援青 6 省(市)的国家金牌导游共同成立了援青金牌导游工作室。“下一步,我们计划请工作室成员到海北州传经送宝,无论是对海北州文旅资源的推介,还是对旅游后备人才的培养,都有很大益处。”

(**资料来源:**唐伯依. 全国特级导游韩兆君:让导游之路走得更稳更踏实[OL].中国旅游报,2022-07-25.)

案例思考:人生在勤,不索何获。每一位踏实行路的导游内心都拥有强大的前进动力,昂扬的奋斗精神,他们不断学习、不断重复,不断精进自身业务和服务水平。细致入微,有情有义,温暖服务,倍感真诚,不断强化公共服务意识和社会奉献精神,增强职业荣誉感。

任务一 进住饭店服务

案例引入

新导游吕小导作为地方导游负责接待一个来自外地的旅游团队。带团过程中吕小导尽职尽责，热情积极，主动帮助大家。旅游团抵达饭店后，全陪由于肚子不舒服着急去了厕所，吕小导主动帮助全陪办理了全团的入住手续，并把房卡发给了大家，还帮助游客们把行李提到了房间，热情地为大家介绍起了当地美食。

晚上吕小导回到家，正准备好好地休息一下，却接到了全陪的电话，原来一个房间里的两位客人一个喜欢热闹晚睡，一个喜欢安静早睡，晚上因为熄灯时间吵了起来。全陪埋怨吕小导没问他就擅自分了房卡，吕小导好心却办了坏事，一肚子的委屈。

如果你是吕小导，你会怎么做？

任务要求

导游带领游客到达酒店后，应尽快协助游客办理入住手续，进入房间，帮助游客缓解从居住地来到旅游目的地的舟车劳顿。本任务主要包括协助办理入住手续，介绍饭店设施，带领游客用好第一餐，处理游客入住后有关问题，照顾行李进房和确定叫醒时间六项内容。

相关知识

现在请你思考进住饭店服务中导游各项工作有哪些注意要点？扫描二维码，一起学习吧。

任务实施

1. 组建小组，选举组长，完成地陪导游进住饭店服务的任务。

2. 每个小组从多份不同的旅游接待计划中抽选一份接待计划。多份接待计划可以设置为不同团型（如老年团、研学团、教师团、亲子团、华侨团等），不同线路，不同季节，不同客源地和不同特殊情况。每一份接待计划的入住饭店各不相同，有五星级大饭店，也有三星级的快捷酒店，还有民宿和特色酒店。

3. 小组成员共同研读接待计划，深度探讨，通过网络调研和实地考察，在地图上标出酒店位置及周边设施，掌握该酒店办理入住手续的流程、大堂行进路线、酒店各功能区位置等,撰写饭店设施介绍。

4. 根据接待计划中涉及的任务角色编写进住饭店服务对话,现场模拟进住饭店服务,进行展示,扮演游客的同学现场抽取“游客入住可能发生的问题”,如游客进门时门锁打不开,进房后发现空调漏水,房间有虫子,房间存在清洁不到位的情况,游客进房间发现房间还未打扫等,根据抽取的问题,完成服务。

5. 观看其他组的展示,并听取教师点评。

6. 小组成员共同完成任务后,讨论过程中的不足与闪光点,分析现场完成情况,交流收获、感悟并反思,完成知识学习和实战技能经验的积累和优化。

任务评价:

按照任务评分表的评分标准进行自评、学生互评和教师评价,并进行加权(权重由教师设置,参考权重设置:自评 10%、学生互评 30%、教师评价 60%)计算,评选出最佳任务小组,教师可根据实际情况给予适当的奖励。

任务评分表

<table>
<tr><td colspan="2">考核项目:进住饭店服务</td><td>班级:</td><td>姓名:</td></tr>
<tr><td colspan="2">小组名称:</td><td colspan="2">小组组长:</td></tr>
<tr><td colspan="4">小组成员:</td></tr>
<tr><td rowspan="6">总体评价</td><td rowspan="3">完成时间</td><td>提前</td><td></td></tr>
<tr><td>准时</td><td></td></tr>
<tr><td>超时</td><td></td></tr>
<tr><td rowspan="3">完成质量</td><td>优秀</td><td></td></tr>
<tr><td>良好</td><td></td></tr>
<tr><td>有待改进</td><td></td></tr>
<tr><td rowspan="7">过程评价</td><td>评价标准</td><td>分值</td><td>得分</td></tr>
<tr><td>运用多种渠道,主动学习相关知识,提升能力</td><td>10</td><td></td></tr>
<tr><td>工作态度端正,精神风貌良好</td><td>20</td><td></td></tr>
<tr><td>协助办理入住手续</td><td>20</td><td></td></tr>
<tr><td>介绍饭店设施</td><td>20</td><td></td></tr>
<tr><td>处理游客入住后的问题</td><td>20</td><td></td></tr>
<tr><td>小组合作</td><td>10</td><td></td></tr>
<tr><td colspan="2">总分</td><td>100</td><td></td></tr>
</table>

课后任务

1. 思考题

如果入住后,游客对于饭店的卫生条件大为不满,导游应如何处理?

2. 简答题

(1)进住饭店服务中,地陪导游应为游客提供哪些服务?

(2)办理好饭店入住手续后,谁负责发放游客房卡?为什么?

处理住宿问题

案例引入

新导游吕小导作为地方导游负责接待一个来自外地的旅游团队。由于是旅游旺季，饭店房源紧张，直到游客下了飞机，接待社才给吕小导打电话最终确定了住宿饭店。

旅游团抵达饭店入住后，一名老年游客找到了吕小导，说自己的房间离电梯间太近了，电梯上上下下噪声很大，影响休息，要求更换房间。吕小导一边安抚游客，一边找到饭店，希望能够协调一下房间。但此时饭店已经没有空房间了，吕小导只得和游客解释说现在是旅游旺季，实在没有可以更换的房间了。游客抱怨了几句，转身回了房间。第二天，游客因为前一天晚上没有休息好，没有参加游览活动，留在房间休息。到了晚上，游客给吕小导打电话要求退还第二天的游览费用，不然就要投诉吕小导和旅行社。

吕小导心里满是自责和委屈，一时也不知该如何是好。

如果你是吕小导，你会怎么做？

任务要求

导游在将游客安顿到饭店入住后，可能需要处理一些特殊要求和特殊事件，不同的特殊要求或事件，处理方式也各不相同，导游应有预防措施或迅速查明原因并解决问题，即使不能在第一时间解决，也要将解决过程的进展实时反馈给全陪、领队和游客，如果短期内无法解决，一定要在第一时间拿出备选方案，切实践行“游客为本，服务至诚”的旅游行业核心价值观。本任务主要包括游客住宿方面个别要求的处理和火灾事故的预防与处理两项内容。

相关知识

现在请你思考游客在住宿方面有哪些个别要求？如何处理这些个别要求？旅游过程中，饭店、景点、娱乐购物等场所发生火灾事故，导游该如何处理？

扫描二维码，一起学习吧。

任务实施

1. 组建小组，选举组长，完成地陪导游入住服务的任务。
2. 每个小组从多份不同的旅游接待计划中抽选一份接待计划。多份接待计划可以设置为不同团型（如老年团、研学团、教师团、亲子团、华侨团等），不同线路，不同季节，不同客源地和不同特殊情况。每一份接待计划的入住饭店各不相同，有五星级大饭店，也有三星级的快捷酒店，还有民宿和特色酒店。

3. 小组成员共同研读接待计划，根据旅游团和线路特点，分析入住过程中可能出现的特殊要求，探讨入住过程中可能出现的突发情况，并列出应对策略和解决方案。

4. 根据接待计划中涉及的任务角色编写饭店入住服务对话，现场模拟饭店入住服务，进行展示，扮演游客的同学现场抽取“游客在住宿方面的特殊需求或发生的特殊情况”，如游客要求住单间，游客要求调换饭店，饭店发生火灾等，根据抽取的问题，完成服务。

5. 观看其他组的展示，并听取教师点评。

6. 小组成员共同完成任务后，讨论过程中的不足与闪光点，分析现场完成情况，交流收获、感悟并反思，完成知识学习和实战技能经验的积累和优化。

任务评价：

按照任务评分表的评分标准进行自评、学生互评和教师评价，并进行加权（权重由教师设置，参考权重设置：自评 10%、学生互评 30%、教师评价 60%）计算，评选出最佳任务小组，教师可根据实际情况给予适当的奖励。

任务评分表

<table>
<tr><td colspan="2">考核项目：处理住宿问题</td><td>班级：</td><td>姓名：</td></tr>
<tr><td colspan="2">小组名称：</td><td colspan="2">小组组长：</td></tr>
<tr><td colspan="4">小组成员：</td></tr>
<tr><td rowspan="6">总体评价</td><td rowspan="3">完成时间</td><td>提前</td><td></td></tr>
<tr><td>准时</td><td></td></tr>
<tr><td>超时</td><td></td></tr>
<tr><td rowspan="3">完成质量</td><td>优秀</td><td></td></tr>
<tr><td>良好</td><td></td></tr>
<tr><td>有待改进</td><td></td></tr>
<tr><td rowspan="7">过程评价</td><td>评价标准</td><td>分值</td><td>得分</td></tr>
<tr><td>运用多种渠道，主动学习相关知识，提升能力</td><td>10</td><td></td></tr>
<tr><td>工作态度端正，精神风貌良好</td><td>20</td><td></td></tr>
<tr><td>游客住宿特殊要求的处理</td><td>20</td><td></td></tr>
<tr><td>住宿过程中突发情况的处理</td><td>20</td><td></td></tr>
<tr><td>不同团型需求分析</td><td>20</td><td></td></tr>
<tr><td>小组合作</td><td>10</td><td></td></tr>
<tr><td colspan="2">总分</td><td>100</td><td></td></tr>
</table>

课后任务

1. 思考题

旅游旺季出团,接待社提供的饭店住宿条件不能达到协议要求,导游如何向游客做好解释工作?

2. 简答题

(1)游客住宿的饭店发生火灾,导游该如何做?

(2)针对不同团型思考游客入住饭店时可能会有哪些特殊要求?

项目四 核定日程安排

项目介绍

在旅游团抵达目的地前，地陪导游应通过微信、QQ 或电话与全陪、领队就旅游活动日程进行初步沟通，当旅游团抵达后，地陪应与全陪、领队就活动日程进行面对面的正式核对商定，并形成各方认可的正式书面文稿。

核对商定日程是旅游团抵达后的一项重要工作，标志着两国（或两地）导游（领队）开始实质性地合作共事，地陪导游应认真做好此项工作并妥善处理好日程发生变更的问题。

本项目分为核对商定日程和处理日程变更问题两项任务。

知识导图

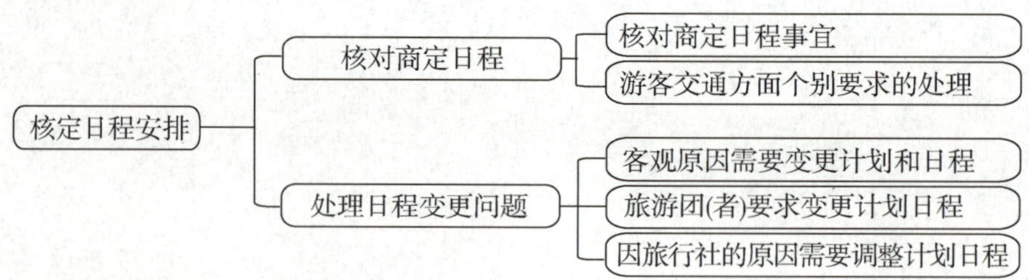

学习目标

1. 素质目标：

（1）培养认真细致的工作态度，树立规范化和精细化的服务意识。

（2）树立责任意识和安全意识。

（3）培养团队精神，筑牢帮扶意识。

2. 知识目标：

（1）掌握核对商定日程的工作流程和具体内容。

（2）掌握核对商定日程中可能出现的情况的应对措施。

（3）掌握日程变更问题的应对方法和处理措施。

3. 能力目标:

(1)能够按照服务流程和规范,独立完成核对商定日程工作。

(2)能够妥善处理核对商定日程中可能出现的情况。

(3)能够妥善处理带团过程中的日程变更问题。

思政案例

全国特级导游刘国杨:“我们‘值得’被看见!”

“一代人有一代人的使命,我们这一代的使命就是推动文旅融合,寻找、践行导游职业的核心价值。”今年5月,陕西西安“90后”导游刘国杨与来自全国各地的15位同行一起被评选为全国特级导游。

金牌导游、视频博主、全国特级导游,讲博物馆、讲诗词、讲文物……刘国杨的每一步探索都紧跟市场,紧跟时代。“我想用我的经历告诉年轻的导游们,坚定内心,脚踏实地,做好文化传播的使者,终会迎来熠熠星光。”

探寻　用知识赢得尊重

“带游客走马观花式地‘看’景点、‘走’行程、进购物店,一个个团带下来,导游和游客似乎都没有获得感,导游的工作不应该是这样的。”2011年,旅游管理专业毕业的刘国杨开始思考如何让自己的工作更有意义。

“工作2年之后,我选择去西藏做了3年援藏导游。那里虽然环境艰苦,但却让我收获良多。首先,锻炼了意志和韧性;其次,那里的人们对待生活的态度坚定了我坚守初心的想法,讲解、知识分享才是导游的核心价值。”刘国杨说。

回到西安后,刘国杨埋头研究西安每一个历史文化景点,他尽可能带小规模团队,力求让自己的讲解更有深度和趣味性。“受‘国家宝藏’节目影响,我专门开了一个公众号,主讲文物背后的故事。”刘国杨回忆道,事业迎来转折是在2017年。“那时候,一些在线旅游企业开始在西安推网约导游平台,我应邀入驻。”

刘国杨敏锐地觉察到网约导游将为导游提供一个新的执业平台。鉴于个人爱好和之前在文化讲解方面的积累,他将自己的讲解重点放在了博物馆。“我不用负责游客的吃住行,只提供一个时间段内的深度讲解,带游客看懂一个又一个博物馆。”

因为讲解专业,刘国杨收获了很多忠实的粉丝,业务量迅速上升。2018年,他注册成立了西安霞客文化旅游有限公司,“邀请一些志同道合的同行加入,只做专业的讲解服务”。刘国杨说:“疫情之前,我们固定合作的导游将近30位,游客相当认可这种服务方式,对我们的服务评价也很高。”

借势　逆境中获得生机

2020年突发的新冠疫情,让刘国杨的博物馆讲解事业戛然而止。“到现在我都觉得有点不真实,一夜之间后台接到了无数退订订单,那几天我们仅退客人的讲解费用就达到了几十万元。之后,我们陷入了长时间的静默状态”,他说。

没有业务的那段时间,刘国杨一直在思考新的出路。“那时候云旅游很火,但团队成员对是否开展云旅游产生了分歧,大家困惑‘线上讲文物,会有人看吗,怎么盈利’?”但刘国杨坚持认为,线上讲解发展路径虽然不是很清晰,但作为一个新方向值得一试。

说干就干。2020年6月13日,刘国杨在抖音上发出了自己的第一期短视频,554天后,刘国杨的抖音粉丝数量正式突破 100 万人。成绩背后,是他脚踏实地、一步一个脚印的付出。

“做好博物馆、文物的线上讲解,背后需要广泛的、大量的积累,要讲出故事性和趣味性。如果你能有更多独家资料,那就更完美了。”刘国杨说,疫情之前,他在博物馆讲解时经常会因为资料缺失和网上多种说法难以辨别真伪而感到苦恼,“找到文物的第一发现者并且追根溯源,一直都是我的心愿。”为了获得更多的一手资料,刘国杨开启了寻找文物第一发现人的工作,请这些人回忆发现文物第一现场的情景。“截至目前,我们已经找到了 5 位,拍摄了‘文物口述史’视频。”

“我们的抖音账号刚开始是日更,每期视频 3 分钟左右,2021 年 10 月之后,我们开始尝试拍摄 10 分钟的长视频,更新频率变为每周 3 更。”刘国杨告诉记者,从准备文案到视频拍摄、剪辑上传,每天都被工作塞得满满的。从 2020 年 6 月到现在,仅视频文案他就写了 43 万字。

为了保证视频更新的持续性,无论刮风下雨,刘国杨的拍摄工作从未间断过。“记忆比较深刻的一件事是今年 2 月拍薄姬冢和窦皇后陵的时候,这两座文物保护单位都在郊区,那天我们出发时下起了漫天大雪,又冷又潮,到达目的地之后,因为怕无人机等拍摄设备受潮,我们一直等到雪停。”刘国杨告诉记者,拍摄过程中,他们还碰到了专门来窦皇后陵参观的自己的粉丝。“有一家三口和我们一起在大雪中等待,他们是专门过来参观的,这也让我觉得自己的工作很值得。”

截至目前,刘国杨抖音账号粉丝量已达 130 万人,快手账号的粉丝有 14 万人,哔哩哔哩网站的粉丝 3.2 万人。“做短视频,我是从零开始的,不懂就多问多学多尝试,既然做了,就要坚持到底,做出成绩。”刘国杨总结道。

提升　靠坚守专业“吃饭”

谈到重启全国特级导游考评对行业的影响,刘国杨说:“我 26 岁考取了高级导游资格证书,当时,有很多同行不理解,觉得考高级导游资格证没用,也不会涨工资。但我觉得,无论是高级导游还是全国特级导游,都是对自身价值的认可。尤其是文化和旅游部重启全国特级导游考评,这是一个信号,是时代对导游价值回归的召唤。这些年,社会对导游这一职业的褒贬争议很多,但我们却一直很受尊重,因为我们是在凭自己的专业‘吃饭’。”

谈到未来的计划,刘国杨说,自己不会离开带团一线。“博物馆讲解事业我们会继续开展下去,希望能有更多志同道合的同行加入进来。接下来,在线下讲解方面,我们会加大培训力度,让讲解更具深度。短视频也会继续拍下去,我希望在为自己迎来转机的同时,也为同行带来更多机会。”

从业十余年,学习是刘国杨一直在坚持的事情。“拍摄短视频,我最大的压力来自如何保持不间断地学习。”刘国杨说,高频的输出,更需要高频的输入。除了保证每天阅读之外,过去两年,他还自费参加了北京大学举办的文博类研修班。“既然把文物、博物馆讲解作为事业,那就需要实时了解这方面的最新动态和研究成果,与时俱进。”

“我从文博讲解中获得了价值感,我也希望游客能从我的讲解中有所获得。”刘国杨说,“热爱可抵岁月漫长。真正的热爱,是全身心地投入和坚守。希望年轻的导游们能从我的个人经历中获得一些启发。你看,疫情冲击下,还有这么多导游同行在坚守、在追寻,我们‘值得’被看见!”

刘国杨获评特级导游感言

读万卷书,行万里路。做现代徐霞客式的人物,一直是我少年时的梦想。在广阔无垠的中华大地上,有着一处处内涵深厚的文化遗产,但是,沧海桑田之变却让它们不为后人所知。我的使命就是来到这里,讲述它们的故事,做一个有趣的分享者,唤起人们对历史的记忆。

从 2008 年考取导游资格证开始,已经整整过去了 14 年,从西安到北京再到拉萨,当我走到而立之年,回想起珠穆朗玛的日出、米拉山口的大雪、五陵原上的夕阳、八达岭外的寒风,方知磨难也是人生中别样的风景。

非常荣幸能够成为一名全国特级导游,在未来的工作中,我将忘记过去的鲜花和掌声,继续脚踏实地,踏上星辰大海的征途,传播更多优秀的中华传统文化。

(**资料来源:**张宇. 全国特级导游刘国杨:“我们‘值得’被看见!”[OL].中国旅游报,2022-06-29.)

案例思考:真正的热爱,是全身心地投入和坚守。不忘初心,探寻知识背后的故事,打磨技艺,做博学文化的导游。敏锐洞察行业变化,寻求转机,抓住机遇,怀抱梦想又脚踏实地,敢想敢为又善作善成,做中华大地文化的传播者和导游行业转型的践行者。

任务一 核对商定日程

案例引入

新导游吕小导担任某入境旅游团的地陪导游。旅游团到了饭店后,吕小导就和领队商谈日程安排。在商谈过程中,吕小导发现领队手中计划表上的游览点与自己接待任务书上所确定的游览点基本一致,只是领队的计划表上写得更详细,细致到每个景区的每个景点,吕小导惊叹这个团队的计划表做得这么细致。

第二天,吕小导带领游客游览到了海河边,为游客介绍"天津之眼"摩天轮并让游客们与"天津之眼"合影,这时领队却提出他们的计划里海河游览包括"天津之眼",并坚持要求吕小导按他手上的计划来安排行程带领大家坐上摩天轮。为让领队和游客没有意见,吕小导答应了。

游览结束后,游客和领队都比较满意,但吕小导回旅行社报账时却被经理狠狠地批评了一顿,并责令他赔偿这个景点的门票费用。

吕小导的问题出在哪里了呢?

任务要求

旅游团抵达后,为确保后续行程安排顺利无误,地陪应尽早与领队、全陪一起核对商定旅游团在当地的活动日程安排,并及时处理可能出现的不同情况和游客可能提出的个别要求。本任务主要包括核对商定日程事宜和游客交通方面个别要求的处理两项内容。

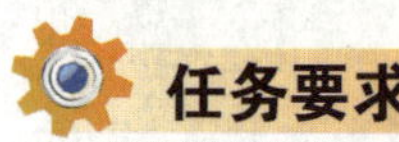

相关知识

现在请你思考核对商定日程事宜的原因是什么?核对商定日程的时间、地点与对象是如何安排的?可能出现的不同情况的处理方式是怎样的?游客在交通方面有哪些个别要求?如何处理这些个别要求?

扫描二维码,一起学习吧。

任务实施

1. 组建小组,选举组长,完成地陪导游核对商定日程的任务。

2. 每个小组从多份不同的旅游接待计划中抽选一份接待计划。多份接待计划可以设置为不同团型(如老年团、研学团、教师团、亲子团、华侨团等),不同线路,不同季节,

不同客源地和不同特殊情况。

3. 小组成员共同研读接待计划,深度探讨,根据旅游团特点和线路特点,思考核对商定日程中可能出现的问题,列出这些问题的处理方式。

4. 根据接待计划中涉及的任务角色编写核对商定日程对话,现场模拟核对商定日程工作,并进行展示,扮演地陪的同学现场抽取"核对过程中可能出现的情况",根据抽取的问题,完成服务。

5. 观看其他组的展示,并听取教师点评。

6. 小组成员共同完成任务后,讨论过程中的不足与闪光点,分析现场完成情况,交流收获、感悟并反思,完成知识学习和实战技能经验的积累和优化。

任务评价:

按照任务评分表的评分标准进行自评、学生互评和教师评价,并进行加权(权重由教师设置,参考权重设置:自评10%、学生互评30%、教师评价60%)计算,评选出最佳任务小组,教师可根据实际情况给予适当的奖励。

任务评分表

考核项目:核对商定日程		班级:	姓名:
小组名称:		小组组长:	
小组成员:			
总体评价	完成时间	提前	
		准时	
		超时	
	完成质量	优秀	
		良好	
		有待改进	
过程评价	评价标准	分值	得分
	运用多种渠道,主动学习相关知识,提升能力	10	
	工作态度端正,精神风貌良好	20	
	对于不同团型的分析	20	
	核对商定日程工作流程	20	
	不同情况的处理	20	
	小组合作	10	
总分		100	

课后任务

1. 思考题

如果在核对商定日程中，地陪导游与全陪导游或领队对于旅游线路的理解出现分歧该如何处理？

2. 简答题

(1)核对商定日程的必要性。

(2)核对商定日程出现不同情况的处理方式。

处理日程变更问题

案例引入

这次新导游吕小导作为地方导游负责接待来自外地的旅游团，由于天气原因，游客飞至天津的航班延误了5个多小时，导致旅游团在天津的游览时间缩短，为了不耽误后续城市的游览，全陪建议减少天津一个景点，将这5个小时的时间争取出来，但游客都是第一次来天津旅游，不愿意放弃任何一个景点，一时间团内的气氛变得有点紧张。这时作为地陪的吕小导该怎么做呢？

任务要求

旅游活动日程是旅行社计调部门根据团队旅游计划制定的详细行程安排，一般都经过了周密的考虑和实践检验，有很强的合理性。无论导游还是游客，都不能随意更改旅游活动计划，如果因各种原因确实需要变更的，导游必须要慎重处理，判断变更旅游活动日程的具体原因，基于实际情况妥善处理，令游客满意的同时不损害旅行社的利益。本任务主要包括客观原因需要变更的计划和日程，旅游团（者）要求变更的计划和日程，以及因旅行社的原因需要调整的计划和日程三项内容。

相关知识

现在请你思考因客观原因需要变更计划和日程分为哪几种情况？分别如何处理？因旅游者或旅行社原因需要变更计划和日程又该如何处理？

扫描二维码，一起学习吧。

任务实施

1. 组建小组，选举组长，完成地陪导游处理旅游计划和日程变更的任务。

2. 每个小组从多份不同的旅游接待计划中抽选一份接待计划。多份接待计划可以设置为不同团型（如老年团、研学团、教师团、亲子团、华侨团等），不同线路，不同季节，不同客源地和不同特殊情况。

3. 小组成员共同研读接待计划，深度探讨，根据旅游团特点和线路特点，思考可能出现的旅游计划和日程变更情况，列出这些问题的处理方式。

4. 每个小组均抽取“旅游计划和日程变更突发情况”，根据接待计划中涉及的任务角色编写旅途中出现此种情况的对话，现场模拟处理旅游计划和日程变更的工作，并进行展示。

5. 观看其他组的展示，并听取教师点评。

6. 小组成员共同完成任务后，讨论过程中的不足与闪光点，分析现场完成情况，交流收获、感悟并反思，完成知识学习和实战技能经验的积累和优化。

任务评价：

按照任务评分表的评分标准进行自评、学生互评和教师评价，并进行加权（权重由教师设置，参考权重设置：自评10%、学生互评30%、教师评价60%）计算，评选出最佳任务小组，教师可根据实际情况给予适当的奖励。

任务评分表

考核项目：处理日程变更问题		班级：	姓名：
小组名称：		小组组长：	
小组成员：			
总体评价	完成时间	提前	
		准时	
		超时	
	完成质量	优秀	
		良好	
		有待改进	
过程评价	评价标准	分值	得分
	运用多种渠道，主动学习相关知识，提升能力	10	
	工作态度端正，精神风貌良好	20	
	日程变更情况分析	20	
	日程变更的处理	20	
	应变能力	20	
	小组合作	10	
总分		100	

课后任务

1. 思考题

因旅行社的原因需要调整计划日程，导游如何采取补救措施，才能赢得游客的谅解和信任？

2. 简答题

(1)游客在一地的旅游时间延长，导游该如何做？

(2)游客在一地的旅游时间缩短，导游该如何做？

项目五 参观游览服务

项目介绍

参观游览是团体游客出游的主要目的，是游客消费旅游产品的主要组成部分，带领游客参观游览是地陪服务工作的中心环节，也是最容易出现突发情况的环节。地陪导游的服务应使游客参观游览的全过程安全、顺利，使他们能够详细了解参观游览对象的特色、历史背景等，以及他们感兴趣的问题。为此，地陪导游必须认真准备、精心安排、热情服务、主动讲解，将自己的服务做到极致，方能收获游客的认可，为游客带来满意的游览体验。

本项目分为出发前的导游服务，赴景点途中的导游服务，抵达景点后的导游服务，回程导游服务和处理游览问题五项任务。

知识导图

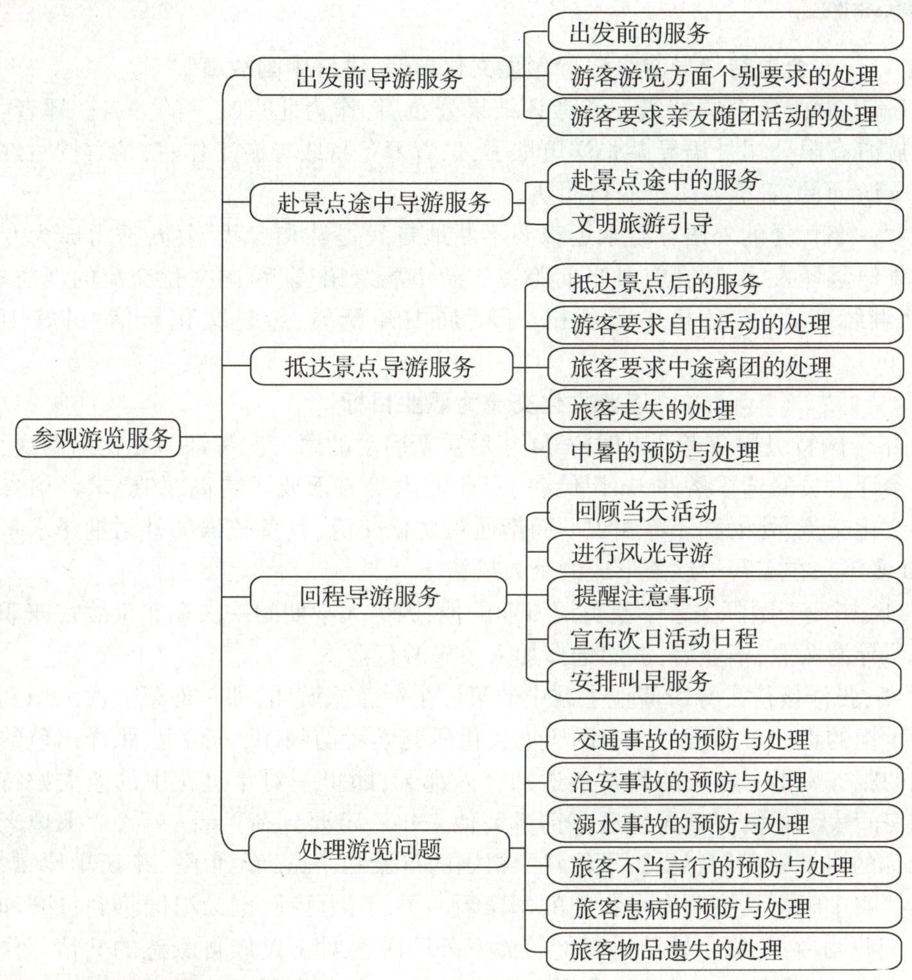

学习目标

1. 素质目标：

(1)培养认真细致的工作态度，树立规范化和精细化的服务意识。

(2)树立责任意识和安全意识。

(3)培养团队精神，筑牢帮扶意识。

(4)树立文明旅游风尚，培养文明旅游意识。

(5)树立文化自信，兼收并蓄。

2. 知识目标：

(1)掌握参观游览服务的工作流程和具体内容。

(2)掌握游客游览方面的个别要求和特殊情况的应对措施。

(3)掌握参观游览过程中可能出现的各种问题和事故的预防与处理措施。

3. 能力目标：

(1)能够按照服务流程和规范，独立完成参观游览服务工作。

(2)能够妥善处理游客游览方面的个别要求和特殊情况。

(3)能够妥善处理参观游览过程中可能出现的各种问题和事故。

思政案例

全国特级导游张洋:"彰显文化自信,讲好中国故事"

5月下旬,2021年全国特级导游考评结果公布后,作为北京唯一的一名获评者、中青旅国际旅游有限公司外语导游张洋更忙了,忙着筹备特级导游工作室,忙着撰写红色旅游景点导游词,忙着准备多个骑行团队。

他说:"一名优秀的外语导游永远都要不断地自我提升和自我创新,努力成为专家型导游和外语翻译人才,从容应对当前跨境旅游市场跨语言、跨国文化交流的新需求。今后,我将继续努力,在危机中寻新机,于变局中开新局,彰显文化自信,讲好中国故事。"

以跨文化交流为职业目标

2021年全国特级导游考评是时隔24年后重新启动的第三次考评。相比前两次,此次考评在参评人员的选拔条件、知识储备、专业能力等方面要求更高,如要求外语参评者精通跨文化交流、外语翻译等知识。而精通跨文化交流、具备较强的外语翻译水平正是张洋20多年来在实践中逐渐形成的个人风格。

1997年,毕业于国际关系学院英语专业的他,因为大学期间一次在北京故宫兼职的经历爱上了导游职业,毕业后,毅然选择加入了旅游行业。

1998年,张洋接待了导游职业生涯中的第一个荷兰旅游团,那是他第一次意识到外语导游所承担的责任。那是一个中国历史文化研究学者访问团,一路上,张洋出色的讲解和周到的服务赢得了客人的赞赏。送别客人那天,团里一对年过花甲的老夫妇特意把他请到房间表示感谢。老先生还盛情邀请他来年一定要到荷兰看一看。"那位老先生说:'从你的讲解中我们感受到了你对于祖国的自豪和骄傲,看到了一个历史厚重、快速发展的美丽中国。我想请你去我们的国家看一看,因为我们也为祖国感到自豪和骄傲。'那一刻我明白了,原来导游讲解能够激发外国游客对于民族自豪感的共情。作为外语导游,不单要讲解好、服务好,还要与游客进行更多文化层面的交流,产生互动、形成共鸣。"张洋说。

那么,如何与游客进行文化层面的交流呢?对此,张洋的回答是重新创作导游词。第三次全国特级导游考评期间,张洋提交了原创导游词《北京颐和园的皇家园林特色》。他说:"北京颐和园与安徽黄山西递民居、茶园及江苏苏州网师园、角直水乡等景点,是疫情暴发前中青旅国际旅游有限公司新推的一条线路,园林资源丰富。我在讲解时,注重通过对不同园林布局艺术、造景方法以及整体风格的解析,提升游客对于中国南北方园林的鉴赏能力,让他们学会甄别东西方园林的异同,并最终达到现场游览体验的最佳效果。实践证明,类似这种文化内涵较丰富的个性化导游词的创作,游客反响非常好。"

以不断学习为人生追求

回顾张洋的人生轨迹不难发现,他从不放过学习的机会,每一次"偶然"都会成为推动他坚持学习的"必然"。而这种坚持也必然会有所收获。

从2015年开始,中青旅国际旅游有限公司全力塑造专家型导游品牌,希望打破由外方派领队、地接用英语导游的传统团队接待模式,在接待波兰旅游团时,推出了由张洋在中国全境以波兰语讲解的品牌游产品。多年来,张洋以扎实的语言功底和深厚的知识积累，获得了游客“全优”的评价。很多游客在来中国之前就认识他了，因为他接待过的一位客人是波兰非常有名的摄影家，他把在中国和张洋一起旅游的故事写成游记，得到了波兰旅行社和有关媒体的一致推荐。所以，很多客人一下飞机就能叫出他的名字。

“其实，我的波兰语就是在跟客人的交流过程中学习的，客人评价我的语音表达特别本土化。这可能也是外语导游共同的素质，我们接受一种新语言比较容易。建议年轻的外语导游向专家型导游方向转型。夯实文化基础，进行业务提升、文化提升。同时，也要顺应市场形势推陈出新，在困境中寻找一种突破，制订个人提升计划。在出入境旅游市场仍未恢复的当下，坚持住并且实现个人整体素质的提升。”张洋说。

其实，关注年轻导游的发展，帮助年轻导游提升业务水平和知识素养，也是张洋特级导游工作室的近期规划。6 月 29 日，中青旅特级导游工作室和中青旅金牌导游工作室同时成立，两个工作室由一个团队共同运营，张洋是核心人物。

以优质服务为唯一准则

采访中，张洋讲了很多带团中发生的故事。他说，作为一名外语导游，要牢记外事无小事，无论何时何地何种情况，全心全意为游客服务的准则不能忘。

2003 年的某天，张洋接待的北欧商务团在游览八达岭长城时，一位中年游客突发心脏病，情况十分紧急。张洋在耐心安慰客人的同时，协助团里的一位医生团友给客人采取了必要的急救和保护措施，并在第一时间联络上了当地的卫生站。在随后赶来的医护人员的指导下，张洋协助他们把客人送上急救车。在征得领队及其随行人员同意后，张洋决定先把客人送到最近的医院进行抢救，力求先控制住其病情，待其病情稳定后，再转送至有丰富涉外经验的医院进行手术。当晚，客人转危为安。全团客人对张洋沉着冷静、处变不惊的表现给予高度评价。

2001 年的秋天，张洋陪同一个瑞典团队。刚下飞机，团队里一位身形消瘦的游客就引起了他的注意。在接下来的行程中张洋得知，这是一位癌症晚期病人，她希望在生命的最后时刻能到中国看一看。在后来的行程中，张洋一直默默关注着客人的一举一动，既给予悉心的照顾，又把握好服务的尺度。一天行程结束安顿好其他客人后，张洋还会应这位客人的要求，陪她看天安门的夜景，在黄浦江边漫步，在外滩欣赏灯火辉煌的上海。行程的最后几天，客人越来越虚弱，几乎取消了所有游览项目。在和领队、地陪商量之后，大家一致决定由张洋陪同她在医院输液。客人输液期间，张洋仍然用生动的语言给她讲述着团队当天游览的景点，以及一些小故事。就这样，客人以这种特殊的方式完成了中国之旅，这位客人回国不久后便离开了人世。事后，外方领队告诉张洋，客人很感谢张洋对她中国之行给予的陪伴，回国后，她经常拿出在中国旅游的照片回忆那些美好的时光。

（**资料来源：**赵垒.全国特级导游张洋：“彰显文化自信，讲好中国故事”[OL].中国旅游报，2022-07-28.）

案例思考：导游在涉外服务过程中必须坚守中华文化立场，深化文明交流互鉴，推动中华文化更好走向世界，同时牢记外事无小事，无论何时何地何种情况，全心全意为游客服务的准则不能忘，沉着冷静、处变不惊，方能为游客打造完美的游览体验。当行业发展暂遇困难，应夯实文化基础，进行业务提升、文化提升，同时顺应市场形势推陈出新，在困境中寻找一种突破。

任务一 出发前导游服务

案例引入

这次新导游吕小导作为地方导游负责接待来自上海的旅游团。第二天的行程是前往古文化街参观游览,吕小导一大早就来到旅游团入住的酒店等待旅游团。游客们用完早餐后,纷纷拿着背包来到饭店大门口集合,准备登车出发,吕小导清点人数时,一位游客急匆匆地将吕小导拉到一边,说道:"导游,我有两位北京的朋友知道我来天津旅游,特地赶过来与我一聚,我看大巴车上还有许多空座位,能不能让他们一同前往古文化街参观游览?"吕小导想了想,觉得古文化街没有门票,大巴车上也有空座位,让他们一起跟着也没什么额外费用,这位游客也会更满意,于是就答应了。

没想到,这个旅游团的天津之旅结束后,吕小导接到了来自另一位游客的投诉,投诉的内容是吕小导安排不明身份的人员随团旅游。吕小导满肚子的委屈和经理说了,没想到经理了解情况后也批评了吕小导。

吕小导的问题出在哪里了呢?

任务要求

带领游客参观游览是地陪导游服务工作的"重头戏",为此地陪必须认真准备,做好出发前的各项工作,妥善处理好游客游览方面的个别要求和特殊情况,保证参观游览活动安全、顺利地进行。本任务主要包括出发前的服务、游客游览方面个别要求的处理和游客要求亲友随团活动的处理三项内容。

相关知识

现在请你思考带领游客出发游览前的服务包括哪些内容?游客在游览方面有哪些个别要求?如何处理这些个别要求?如果游客要求亲友随团活动,导游该如何处理?

扫描二维码,一起学习吧。

任务实施

1. 组建小组,选举组长,完成地陪导游参观游览出发前的服务任务。

2. 每个小组从多份不同的旅游接待计划中抽选一份接待计划。多份接待计划可以设置为不同团型(如老年团、研学团、教师团、亲子团、华侨团等),不同线路,不同季节,

不同客源地和不同特殊情况。

3. 小组成员共同研读接待计划，深度探讨，列出参观游览出发前应做好哪些准备工作，根据旅游团特点和线路特点，分析在游览出发前可能会出现哪些问题以及游客可能会提出哪些个别要求。

4. 根据接待计划中涉及的任务角色编写参观游览前的服务工作对话，现场模拟游览前的服务工作并进行视频录制。

5. 观看其他组的视频展示，并听取教师点评。

6. 小组成员共同完成任务后，讨论过程中的不足与闪光点，分析现场完成情况，交流收获、感悟并反思，完成知识学习和实战技能经验的积累和优化。

任务评价：

按照任务评分表的评分标准进行自评、学生互评和教师评价，并进行加权（权重由教师设置，参考权重设置：自评 10%、学生互评 30%、教师评价 60%）计算，评选出最佳任务小组，教师可根据实际情况给予适当的奖励。

任务评分表

考核项目：出发前服务		班级：	姓名：
小组名称：		小组组长：	
小组成员：			
总体评价	完成时间	提前	
		准时	
		超时	
	完成质量	优秀	
		良好	
		有待改进	
过程评价	评价标准	分值	得分
	运用多种渠道，主动学习相关知识，提升能力	10	
	工作态度端正，精神风貌良好	20	
	出发前的服务	20	
	游客游览方面个别要求的处理	20	
	游客要求亲友随团活动的处理	20	
	小组合作	10	
总分		100	

课后任务

1. 思考题

如果游客对于增减游览项目的意见不统一，导游该如何做？

2. 简答题

(1)参观游览出发前地陪导游的服务工作包括哪些？

(2)地陪导游为什么要提前到达集合地点？

任务二

途中导游服务

案例引入

这次新导游吕小导作为地方导游负责接待来自外地的旅游团。第二天的行程是前往古文化街参观游览,从酒店前往景点需要一个小时的大巴车程,考虑到早上游客们起得比较早,为了让游客多休息一会儿,吕小导简单地介绍了一下今日的活动安排后,就让游客闭目养神休息一下,到了目的地再叫醒游客。一路上大部分游客都没有休息,而是欣赏着一路上的美景,不停地拍照。

到了古文化街,有几位游客下车后小声地念叨吕小导一路上也没为大家介绍一下路上的风景,只顾自己休息了。吕小导听着游客的窃窃私语,心里有些难受,本想让大家多休息一下,没想到却落了埋怨。

你觉得吕小导的做法有问题吗?

任务要求

在前往旅游景点的途中,地陪的途中导游服务主要包括重申当日活动安排,沿途风光导游,介绍旅游景点和活跃气氛。导游必须熟悉当地通往重要旅游景点沿途的主要景观以及标志性建筑物,做好沿途风光导游讲解,同时导游要加强文明旅游的引导工作,让游客带着文明乐享旅途。本任务主要包括赴景点途中的服务和文明旅游引导两项内容。

相关知识

现在请你思考赴景点途中的服务包括哪些内容?一名导游的文明旅游引导工作该如何开展呢?

扫描二维码,一起学习吧。

任务实施

1. 组建小组,选举组长,完成地陪导游途中导游服务的任务。

2. 每个小组从多份不同的旅游接待计划中抽选一份接待计划。多份接待计划可以设置为不同团型(如老年团、研学团、教师团、亲子团、华侨团等),不同线路,不同季节,不同客源地和不同特殊情况。

3. 小组成员共同研读接待计划,深度探讨,根据线路安排,画出旅游团行进地图及沿途景点，列出沿途风光导游讲解涉及的景点，根据旅游团特点，撰写相应讲解词及文明旅游宣讲词。

4. 根据接待计划中涉及的任务角色编写赴景点途中的对话，现场模拟工作过程，并进行展示。

5. 观看其他组的展示，并听取教师点评。

6. 小组成员共同完成任务后，讨论过程中的不足与闪光点，分析现场完成情况，交流收获、感悟并反思，完成知识学习和实战技能经验的积累和优化。

任务评价：

按照任务评分表的评分标准进行自评、学生互评和教师评价，并进行加权（权重由教师设置，参考权重设置：自评 10%、学生互评 30%、教师评价 60%）计算，评选出最佳任务小组，教师可根据实际情况给予适当的奖励。

任务评分表

考核项目：途中导游服务		班级：	姓名：
小组名称：		小组组长：	
小组成员：			
总体评价	完成时间	提前	
		准时	
		超时	
	完成质量	优秀	
		良好	
		有待改进	
过程评价	评价标准	分值	得分
	运用多种渠道，主动学习相关知识，提升能力	10	
	工作态度端正，精神风貌良好	20	
	途中导游的服务流程	20	
	途中导游词的撰写	20	
	倡导文明旅游	20	
	小组合作	10	
总分		100	

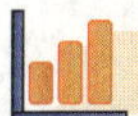

课后任务

1. 思考题

途中服务常常需要导游活跃气氛,请你想出一些活跃气氛的小活动。

2. 简答题

(1)游客在游览过程中,导游应如何引导游客文明旅游?

(2)赴景点途中的导游服务内容有哪些?

任务三 景点导游服务

案例引入

这次新导游吕小导作为地方导游负责接待来自外地的旅游团。游览第一天吕小导带领旅游团前往盘山景区，由于路上堵车耽误了一点时间，到达盘山后吕小导催促游客带齐个人物品抓紧时间下车，三步并作两步来到景点大门口开始进行景点讲解，一路上吕小导使出浑身解数讲解得细致生动，得到了游客的一致好评。下山后吕小导安排游客自由活动，5 点钟在大巴车停车处集合并登车。然而到了 5 点钟却不见有游客回来，吕小导的手机却响个不停，原来是大家找不到停车场和大巴车了，吕小导只好一个个将游客接回大巴车，因此耽误了回程的时间，游客回到酒店又错过了晚饭的时间，一路上怨声载道，甚是不满。

行程最后一天，在天津古文化街的游览过程中，吕小导举着社旗在队伍最前面为旅游团游客进行讲解，突然全陪急匆匆跑过来找到吕小导，原来刚才路过天津风味小吃煎饼果子摊位时，全陪陪同几位游客停下来购买，也就几分钟的时间，等他们追上大部队时却发现有一位年龄较大的游客没了踪影。吕小导和全陪商量后，决定吕小导带领游客继续完成游览，全陪在景区内寻找。半个小时后，这位游客终于被找到了，原来他被旁边一家店铺中精美的鼻烟壶吸引了，忍不住过去看了一会儿。全陪带着这位游客和吕小导汇合继续游览，吕小导悬着的一颗心终于放下来了，情急之下不免"教育"了这位游客几句。让吕小导没想到的是没过几分钟，吕小导就接到了旅行社经理的电话，批评吕小导对游客的态度不好。

吕小导的问题都出在哪里了呢？

任务要求

参观游览景区是游客期望旅游活动的核心部分，为了确保参观游览活动的顺利进行，地陪导游要按照景区导游服务规范做好各环节工作，做好景区导游讲解，妥善处理游览过程中出现的特殊情况和突发问题，使游客感受美景的同时，享受到满意的服务。本任务主要包括抵达景点后的服务，游客要求自由活动的处理，游客要求中途离团的处理，游客走失的处理和中暑的预防与处理五项内容。

相关知识

现在请你思考抵达景点后导游的服务包括哪些内容？游客要求自由活动时，导游该如何处理？游客要求中途离团，导游该如何处理？在参观游览或自由活动时，游客走失，导游该如何处理？旅游过程中，游客发生中暑情况，导游又该如何处理？

扫描二维码，一起学习吧。

任务实施

1. 组建小组，选举组长，完成地陪导游景点导游服务任务。

2. 每个小组从多份不同的旅游接待计划中抽选一份接待计划。多份接待计划可以设置为不同团型（如老年团、研学团、教师团、亲子团、华侨团等），不同线路，不同季节，不同客源地和不同特殊情况。

3. 小组成员共同研读接待计划，深度探讨，根据季节和天气情况，确定景点的游览路线和沿途的景观分布，根据旅游团特点，撰写本次的景点导游词，主要内容应包括景点的历史背景、特色、地位和价值等，导游词应体现出该旅游团的特点和感兴趣的内容。

4. 按照撰写的景点导游词，每位小组成员至少应负责一个景点的讲解，开始进行讲解练习。利用实训室设备或景区实地演练，录制全组讲解视频。

5. 观看其他组的视频展示，并听取教师点评。

6. 根据接待计划中涉及的任务角色编写景点导游服务对话，现场模拟工作过程，随机抽取景点导游过程中可能出现的突发情况或游客个别要求，并进行展示。

7. 观看其他组的展示，并听取教师点评。

8. 小组成员共同完成任务后，讨论过程中的不足与闪光点，分析现场完成情况，交流收获、感悟并反思，完成知识学习和实战技能经验的积累和优化。

任务评价:

按照任务评分表的评分标准进行自评、学生互评和教师评价,并进行加权(权重由教师设置,参考权重设置:自评10%、学生互评30%、教师评价60%)计算,评选出最佳任务小组,教师可根据实际情况给予适当的奖励。

任务评分表

考核项目:景点导游服务		班级:	姓名:
小组名称:		小组组长:	
小组成员:			
总体评价	完成时间	提前	
		准时	
		超时	
	完成质量	优秀	
		良好	
		有待改进	
过程评价	评价标准	分值	得分
	运用多种渠道,主动学习相关知识,提升能力	10	
	工作态度端正,精神风貌良好	20	
	景点导游的服务工作	20	
	景点导游词的撰写	20	
	游览中特殊情况的处理	20	
	小组合作	10	
总分		100	

课后任务

1. 思考题

如果游客在自由活动过程中受伤了，导游该如何处理？

2. 简答题

（1）游客到了某一景点后要求自由活动，导游应如何处理？

（2）一位游客因不满导游的某些做法，坚持要求中途离团，导游应如何处理？

回程导游服务

案例引入

这次新导游吕小导作为地方导游负责接待来自外地的旅游团。游览第一天吕小导带领旅游团前往盘山景区,傍晚游览结束后,吕小导引领游客登车返回酒店,一路上吕小导热情洋溢地为大家继续讲解,包括路上的风光和盘山游览的总结,最后为了不让大家觉得枯燥,还给大家讲了很多有趣的旅游小故事。可就在吕小导滔滔不绝地讲解时,坐在后面的几位游客对吕小导说:“导游,你能不能让我们清静一会儿?”一时间,空气仿佛凝固了一般,吕小导赶忙闭了嘴。坐在自己的座位上,吕小导心里觉得十分委屈,自己满腔热情却没有让游客满意。

吕小导的问题出在哪里了呢?

任务要求

一天的参观游览活动结束后,在返回酒店的途中,虽然游客和导游都比较疲乏,但地陪导游仍然基于实际情况要做好各环节的工作,确保旅游团的各项旅游活动顺序进行。本任务主要包括回顾当天活动,进行风光导游,提醒注意事项,宣布次日活动日程和安排叫早服务五项内容。

相关知识

现在请你思考在旅游活动结束后,回程途中的导游服务有哪些注意要点?

扫描二维码,一起学习吧。

任务实施

1. 组建小组,选举组长、完成地陪导游回程导游服务任务。

2. 每个小组从多份不同的旅游接待计划中抽选一份接待计划。多份接待计划可以设置为不同团型(如老年团、研学团、教师团、亲子团、华侨团等),不同线路,不同季节,不同客源地和不同特殊情况。

3. 小组成员共同研读接待计划,深度探讨,根据线路安排,画出旅游团回程地图和回程经过的景点,列出回程导游服务的内容,撰写回程沿途风光讲解导游词。

4. 根据接待计划中涉及的任务角色编写回程导游服务的对话,现场模拟工作过程,并进行展示。

5. 观看其他组的展示，并听取教师点评。

6. 小组成员共同完成任务后，讨论过程中的不足与闪光点，分析现场完成情况，交流收获、感悟并反思，完成知识学习和实战技能经验的积累和优化。

任务评价：

按照任务评分表的评分标准进行自评、学生互评和教师评价，并进行加权（权重由教师设置，参考权重设置：自评10%、学生互评30%、教师评价60%）计算，评选出最佳任务小组，教师可根据实际情况给予适当的奖励。

任务评分表

考核项目：回程导游服务		班级：	姓名：
小组名称：		小组组长：	
小组成员：			
总体评价	完成时间	提前	
		准时	
		超时	
	完成质量	优秀	
		良好	
		有待改进	
过程评价	评价标准	分值	得分
	运用多种渠道，主动学习相关知识，提升能力	10	
	工作态度端正，精神风貌良好	20	
	回程导游的服务流程	20	
	途中导游词的撰写	20	
	应变技巧	20	
	小组合作	10	
总分		100	

课后任务

1. 思考题

参观游览回程中，如果游客提出走另一条路，导游该如何处理？

2. 简答题

(1) 回程导游服务内容包括哪些？

(2) 回程沿途导游服务过程中，导游应注意哪些问题？

处理游览问题

案例引入

这次新导游吕小导作为地方导游负责接待来自外地的旅游团,第一天中午用餐的时候,吕小导用完餐后便与饭店结账,由于账目的问题耽搁了一会儿,等他从饭店出来,游客已经在大巴车上等他了,吕小导一看时间不早了,连忙上车点了人数,就让司机开车赶往下一个景点,大巴车开到了半路时,一名游客突然站起来和吕小导说他的包忘在了刚才吃饭的饭店,里面有身份证和一些现金。吕小导赶忙让司机调头回饭店寻找,结果却没有找到,丢东西的游客埋怨吕小导没有在离开饭店前做好提醒工作,其他游客也因为行程被耽误而怨声载道,吕小导也自责地低下了头。

吕小导的问题出在哪里呢?

任务要求

参观游览是旅游团出游的主要目的,是游客期望值最高的部分,导游在高质量完成参观游览服务的同时,还要针对在参观游览过程中可能发生的问题和事故做好充分的预案准备,能够及时妥善地处理好各种问题,确保参观游览活动安全、顺利进行。本任务主要包括交通事故的预防与处理,治安事故的预防与处理,溺水事故的预防与处理,游客不当言行的预防与处理,游客患病的预防与处理和游客物品遗失的处理六项内容。

相关知识

现在请你思考在旅游过程中遇到交通事故、治安事故、溺水事故时,导游该如何处理?游客有不当言行、游客患病或游客物品遗失时,导游又该如何处理?

扫描二维码,一起学习吧。

任务实施

1. 组建小组,选举组长,完成地陪导游参观游览服务的任务。

2. 每个小组从多份不同的旅游接待计划中抽选一份接待计划。多份接待计划可以设置为不同团型(如老年团、研学团、教师团、亲子团、华侨团等),不同线路,不同季节,不同客源地和不同特殊情况。

3. 小组成员共同研读接待计划,深度探讨,根据旅游团特点和旅游线路特点,分析旅游团在参观游览过程中可能会遇到的特殊情况和问题，并列出这些情况和问题的预防和处理策略。

4. 根据接待计划中涉及的任务角色编写导游带团参观游览服务的对话，抽取旅游团在参观游览过程中可能会遇到的特殊情况和问题，现场模拟工作过程，并进行展示。

5. 观看其他组的展示，并听取教师点评。

6. 小组成员共同完成任务后，讨论过程中的不足与闪光点，分析现场完成情况，交流收获、感悟并反思，完成知识学习和实战技能经验的积累和优化。

任务评价：

按照任务评分表的评分标准进行自评、学生互评和教师评价，并进行加权（权重由教师设置，参考权重设置：自评 10%、学生互评 30%、教师评价 60%）计算，评选出最佳任务小组，教师可根据实际情况给予适当的奖励。

任务评分表

考核项目：参观游览服务		班级：	姓名：
小组名称：		小组组长：	
小组成员：			
总体评价	完成时间	提前	
		准时	
		超时	
	完成质量	优秀	
		良好	
		有待改进	
过程评价	评价标准	分值	得分
	运用多种渠道，主动学习相关知识，提升能力	10	
	工作态度端正，精神风貌良好	20	
	游览中的特殊情况和问题的预防	20	
	游览中的特殊情况和问题的处理策略	20	
	应变技巧	20	
	小组合作	10	
总分		100	

课后任务

1. 思考题

作为一名游客，你在参观游览过程中曾经遇到过哪些特殊事件？导游是如何处理的？

2. 简答题

(1) 在游览过程中，如何做好游客患病的预防？

(2) 在游览过程中，如何做好游客物品遗失的处理？

食购娱服务

游客出门旅游,参观游览活动固然是最主要的内容,但是游客所需要的餐饮服务、购物服务、娱乐活动等,也是整个旅游活动的必要组成部分。对食、购、娱等项目恰到好处地安排,能使旅游活动变得丰富多彩,加深游客对旅游目的地的印象。因此,在安排食、购、娱等旅游活动时,导游同样应该尽心尽力,提供令游客满意的服务。

本项目分为用餐服务,处理餐饮问题,购物服务,处理购物问题,娱乐服务和处理娱乐问题六项任务。

知识导图

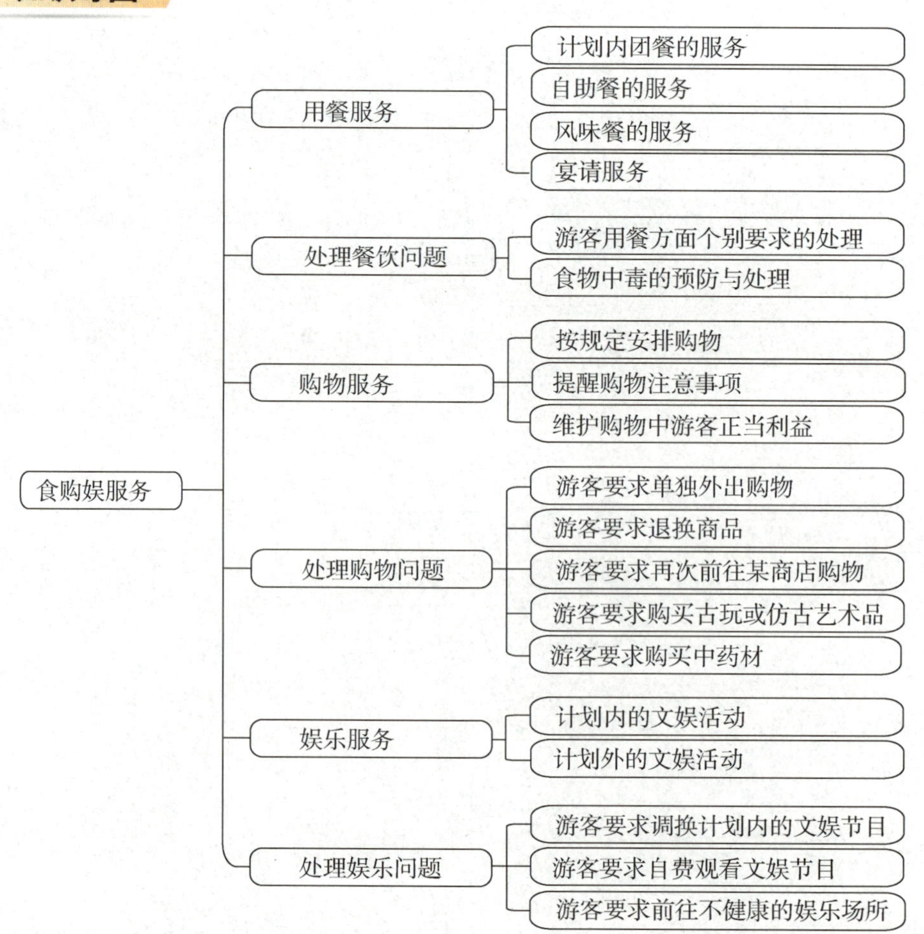

学习目标

1. **素质目标：**

(1)培养认真细致的工作态度，树立规范化和精细化的服务意识。

(2)树立责任意识和安全意识。

(3)培养团队精神，筑牢帮扶意识。

(4)弘扬中国传统饮食文化，倡导“文明用餐，勤俭节约”的理念。

(5)树立文化自信，兼收并蓄。

2. **知识目标：**

(1)掌握用餐服务、购物服务、娱乐服务的工作流程和具体内容。

(2)掌握用餐服务过程中可能出现问题的应对措施。

(3)掌握购物服务过程中可能出现问题的应对措施。

(4)掌握娱乐服务过程中可能出现问题的应对措施。

3. **能力目标：**

(1)能够按照服务流程和规范，独立完成用餐、购物、娱乐服务工作。

(2)能够妥善处理用餐服务过程中出现的特殊问题。

(3)能够妥善处理购物服务过程中出现的特殊问题。

(4)能够妥善处理娱乐服务过程中出现的特殊问题。

思政案例

文花枝：微笑面对一切

最美奋斗者

灾难来临时，她把生的希望让给了游客，把死的威胁留给了自己。那一年，文花枝23岁。

2005年8月，带团旅游时，导游文花枝和游客遭遇了严重车祸。当施救人员一次次向她走过来，她总是吃力地摇摇头说：“我是导游，我没事，请先救游客！”在长达两个多小时的救援时间里，她多次昏迷，但只要一醒过来，就不停地为大家鼓劲、加油。文花枝是最后一个被救出来的。她左腿9处骨折，右腿大腿骨折，髋骨3处骨折，右胸第4、5、6、7根肋骨骨折。由于延误了宝贵的救治时间，医生不得不为文花枝做了左腿截肢手术。

截肢后，看着空荡荡的裤管，文花枝埋下头伤心地哭了。但几分钟后，再抬起头时，她眼里已经没有了泪水，“即使少了一条腿，我也会坚强地生活。我会用微笑面对一切。”

手紧紧扶住栏杆，右腿站稳立住后，再慢慢抬起左腿……文花枝的康复过程漫长而艰辛，左腿截肢处经常被假肢磨得血肉模糊，文花枝咬牙坚持锻炼，从不叫苦喊痛，总是笑着对家人和朋友说：“没事，我好着呢！”

劫难之后，从前的憧憬和设想都被打乱。“身残志不能丢！”冷静思考后，文花枝决定：告别自己热爱的导游事业，重回校园，提升专业知识和能力，将来更好地为旅游事业服务。

2006年8月,文花枝进入湘潭大学旅游管理专业学习。刚装上假肢那阵子,身体很不适应,常人十分钟的路程,文花枝要走上半小时。

2006年以来,文花枝先后获得全国三八红旗手、全国五一劳动奖章、全国道德模范、100位中华人民共和国成立以来感动中国人物等荣誉。2012年,文花枝当选为党的十八大代表。鲜花和掌声蜂拥而至,但文花枝始终保持清醒。

"我要努力地改变自己。"文花枝从没有闲着,目的只有一个:让舍己救人的文花枝淡出人们的视野,使掌握了专业知识、热心公益事业的文花枝呈现在人们的眼前。

2013年,文花枝硕士研究生毕业,成为湘潭市旅游局的一名职工。多年过去,文花枝说:"不想永远活在当年的光环里,希望为大家做一点实事。"2015年,文花枝作为扶贫专干,被派往平里村这个韶山市最贫困的村担任村党支部第一书记。

山路崎岖,行走不便,她就搭乘摩托车,逐家逐户走访,将村民的致贫原因、贫困程度、扶持需求等基本信息都一一记录下来,为每户贫困户制订了详细的脱贫计划。

丧偶独居的村民肖金华,眼睛有残疾,家里缺少经济来源,意志消沉,文花枝鼓励她不要气馁。不仅为她争取了生活补助,还用亲身经历鼓励她,让她重新燃起了生活的希望。

在文花枝的努力协调下,许多优秀旅游企业负责人、旅游策划专家多次到平里村考察,为村里的旅游发展出谋划策。2016年,平里村一举摘掉了"省定贫困村"与"湘潭市基层组织软弱涣散村"两顶帽子。无论是建档立卡贫困户和普通村民,都对这个看似柔弱的女支部书记伸出了大拇指。

2017年,结束驻村帮扶后的文花枝回到了单位,从事旅游推广与对外交流工作,现任湘潭市文化旅游广电体育局推广和对外交流科副主任科员。

无论什么时候,无论什么岗位,文花枝的每一步都是全力以赴,坚持用实际行动为"奋斗"做出自己的诠释。她说:"不管能做出多少成绩,我都会继续保持奋斗的姿态,认真工作,热爱生活,努力做一名平凡而美丽的奋斗者,不辜负大家对我的支持与厚爱。"

(**资料来源:** 龙军,文花枝:微笑面对一切[OL].光明日报,2019-10-03.)

案例思考: 无论在导游服务过程中的哪个环节,一名优秀的导游必须牢记导游职责、提升导游职业素养,遵守导游职业道德,践行社会主义核心价值观。那么作为一名普通导游,我们在带团过程中最危难的时刻,应该怎样做?你又会如何做?

"我是导游,先救游客!"一句平凡的语言,是一种无私忘我的奉献精神,更是对人民的热爱、对事业的忠诚和对社会的责任。导游文花枝在生死关头把生的希望让给游客,把死的威胁留给自己,她以生命的代价向游客实践了诚信的诺言,彰显了导游从业人员高尚的职业道德与职业操守。

这个美丽的年轻姑娘,一条左腿从膝盖上被截掉。劫难之后,对于未来的憧憬和设想都被打乱。记者问她:"你后悔吗?"文花枝笑着说:"我只是做了自己应该做的。"如今,坐在轮椅上的文花枝身处逆境,依然笑对人生,以坚韧不拔、积极乐观的心态感染着周围每一个人,温暖着身边每一个人。

文花枝的精神集中体现了中华传统美德,充分展示了新时期导游爱岗敬业,无私奉献,服务人民的良好精神风貌和崇高的思想境界,也彰显了新时代全国旅游行业的形象和风貌。文花枝是千千万万旅游从业人员的优秀代表,是全国旅游战线的一名先进分子,是我们学习的楷模和榜样。

用餐服务

案例引入

新导游吕小导带领旅游团前往盘山景区游览，中午在附近农家餐厅就餐。团队到达餐厅时，团餐已经准备好，游客很快开始用餐。吕小导告知游客洗手间的位置和餐后出发时间之后，就去用自己的导游餐了。然而到了结账的时候，餐厅告知吕小导几位游客吃了餐厅的自费野菜，需要另行付费。吕小导去找游客结账，游客却说并不知道是自费的野菜，以为是团餐中包含的菜，如果提前知道是需要付钱的肯定就不吃了。一边是游客拒绝付费，一边是餐厅执意收费，一时间吕小导不知道该怎么做了，只得认倒霉自己付了菜钱。

吕小导的问题出在哪里了呢？

任务要求

用餐服务是导游服务中重要的一个环节，不同的用餐形式有不同的工作细节和技巧，处理好相关的细节，往往可以起到事半功倍的效果，因此导游一定要严格按照餐饮服务程序认真做好用餐服务的每一个环节工作，保障旅游活动的顺利进行。本任务主要包括计划内团餐的服务，自助餐的服务，风味餐的服务和宴请服务四项内容。

相关知识

现在请你思考导游在用餐服务过程中有哪些工作要点？
扫描二维码，一起学习吧。

任务实施

1. 组建小组，选举组长，完成地陪导游用餐服务的任务。

2. 每个小组从多份不同的旅游接待计划中抽选一份接待计划。多份接待计划可以设置为不同团型（如老年团、研学团、教师团、亲子团、华侨团等），不同线路，不同季节，不同客源地，不同用餐餐厅，不同用餐形式和不同特殊情况。

3. 小组成员共同研读接待计划，深度探讨，列出不同的就餐饭店和就餐形式涉及的不同的餐饮服务内容和注意事项。

4. 根据接待计划中涉及的任务角色编写用餐服务对话，现场模拟导游用餐服务工作,并进行展示,完成服务。

5. 观看其他组的视频展示,并听取教师点评。

6. 小组成员共同完成任务后,讨论过程中的不足与闪光点,分析现场完成情况,交流收获、感悟并反思,完成知识学习和实战技能经验的积累和优化。

任务评价:

按照任务评分表的评分标准进行自评、学生互评和教师评价,并进行加权(权重由教师设置,参考权重设置:自评10%、学生互评30%、教师评价60%)计算,评选出最佳任务小组,教师可根据实际情况给予适当的奖励。

任务评分表

考核项目:用餐服务		班级:	姓名:
小组名称:		小组组长:	
小组成员:			
总体评价	完成时间	提前	
		准时	
		超时	
	完成质量	优秀	
		良好	
		有待改进	
过程评价	评价标准	分值	得分
	运用多种渠道,主动学习相关知识,提升能力	10	
	工作态度端正,精神风貌良好	20	
	不同餐饮服务形式的分析	20	
	用餐服务流程	20	
	应变技巧	20	
	小组合作	10	
总分		100	

课后任务

1. 思考题

请你为大家介绍几种我国著名的风味餐。

2. 简答题

(1)列出计划内团餐服务要点和注意事项。

(2)游客在用自助餐时,导游应注意提醒游客哪些事项?

处理餐饮问题

案例引入

新导游吕小导带领旅游团前往天津古文化街游览。天津古文化街是天津文化的发祥地，是天津民俗文化和海河文化的聚集地。吕小导边走边为大家讲解古文化街"中国味、天津味、文化味、古味"的特色，外地游客很快被天津的文化所吸引，并强烈要求中午的团餐改为天津风味餐。吕小导看了看时间，现在距离午餐的时间不足两小时了，临时换餐时间过于紧张，于是吕小导委婉地拒绝了游客的换餐要求。

然而到了餐厅后，团餐已经摆上了桌，游客却发现这家团餐餐厅也可以单点天津菜，于是坚持让吕小导把团餐推掉，换成天津特色菜肴。吕小导好言相劝也无济于事，最后吕小导只得自掏腰包让餐厅单做了几道天津菜给大家品尝，心里委屈得不行。

吕小导的问题出在哪里了呢？

任务要求

游客在用餐过程中，因行程安排变化、口味需求等，可能会有一些餐饮方面的特殊要求，在用餐过程中也可能会出现各种各样的问题。地陪在安排好游客用餐后，一定要巡视用餐情况，及时妥善处理出现的问题。本任务主要包括游客用餐方面个别要求的处理和食物中毒的预防与处理两项内容。

相关知识

现在请你思考游客在用餐方面有哪些个别要求？如何处理这些个别要求？如果游客出现食物中毒的情况，导游该如何处理？

扫描二维码，一起学习吧。

任务实施

1. 组建小组，选举组长，完成地陪导游处理用餐服务的任务。

2. 每个小组从多份不同的旅游接待计划中抽选一份接待计划。多份接待计划可以设置为不同团型（如老年团、研学团、教师团、亲子团、华侨团等），不同线路，不同季节，不同客源地，不同用餐餐厅，不同用餐形式和不同特殊情况。

3. 小组成员共同研读接待计划，深度探讨，根据旅游团成员特点和旅游线路特点，分析不同的就餐饭店和就餐形式可能遇到的特殊情况和游客餐饮方面的个别要求，列出应对措施。

4. 根据接待计划中涉及的任务角色编写用餐服务对话，现场模拟导游用餐服务工作，扮演地陪的同学抽取“用餐过程中的特殊情况和游客餐饮方面的个别要求”并进行展示，完成服务。

5. 观看其他组的展示，并听取教师点评。

6. 小组成员共同完成任务后，讨论过程中的不足与闪光点，分析现场完成情况，交流收获、感悟并反思，完成知识学习和实战技能经验的积累和优化。

任务评价：

按照任务评分表的评分标准进行自评、学生互评和教师评价，并进行加权（权重由教师设置，参考权重设置：自评10%、学生互评30%、教师评价60%）计算，评选出最佳任务小组，教师可根据实际情况给予适当的奖励。

任务评分表

<table>
<tr><td colspan="2">考核项目：处理餐饮问题</td><td>班级：</td><td>姓名：</td></tr>
<tr><td colspan="2">小组名称：</td><td colspan="2">小组组长：</td></tr>
<tr><td colspan="4">小组成员：</td></tr>
<tr><td rowspan="6">总体评价</td><td rowspan="3">完成时间</td><td>提前</td><td></td></tr>
<tr><td>准时</td><td></td></tr>
<tr><td>超时</td><td></td></tr>
<tr><td rowspan="3">完成质量</td><td>优秀</td><td></td></tr>
<tr><td>良好</td><td></td></tr>
<tr><td>有待改进</td><td></td></tr>
<tr><td rowspan="7">过程评价</td><td>评价标准</td><td>分值</td><td>得分</td></tr>
<tr><td>运用多种渠道，主动学习相关知识，提升能力</td><td>10</td><td></td></tr>
<tr><td>工作态度端正，精神风貌良好</td><td>20</td><td></td></tr>
<tr><td>用餐情况的分析</td><td>20</td><td></td></tr>
<tr><td>用餐个别要求的处理</td><td>20</td><td></td></tr>
<tr><td>应变能力</td><td>20</td><td></td></tr>
<tr><td>小组合作</td><td>10</td><td></td></tr>
<tr><td colspan="2">总分</td><td>100</td><td></td></tr>
</table>

课后任务

1. 思考题

如果在团餐过程中,游客发现菜中有一根头发,导游该如何处理?

2. 简答题

(1)游客要求推迟就餐时间,导游该如何处理?

(2)游客要求换餐,导游该如何处理?

任务三

购物服务

案例引入

新导游吕小导带领旅游团前往天津南市食品街游览，中午吃饭后，按照旅游计划游客将进入食品街购物点自由选购一小时，吕小导将游客带到指定购物点后就在一旁等待，这时有三名游客走过来和吕小导说他们之前来过这个地方了，不想参加购物，吕小导心想只有一个小时的等待时间，就安排这三名游客在大巴车上等待。

八月骄阳似火，大巴车里的温度特别高，几名游客热得难受，下车找到吕小导希望在附近遛达一下。因为怕游客走散后不好集合，吕小导没有同意，而是建议游客在大巴车旁边的快餐店里先休息一下。购物结束后，大家集合登车出发去往下一个景点。

晚上吕小导回到家，就接到了旅行社经理的电话，说今天那三名游客对于吕小导有些不满，希望吕小导在后面的旅途中多注意大家的情绪和需求。

吕小导的问题出在哪里了呢？

任务要求

对于游客来说，每到一地，都希望能购买一些特色商品以作为纪念或馈赠亲友，如果没有恰当的购物安排，游客的购物欲望得不到满足，旅游活动是不圆满的，因此为游客提供好购物服务是导游义不容辞的责任和义务。本任务主要包括按规定安排购物，提醒购物注意事项和维护购物中游客正当利益三项内容。

相关知识

现在请你思考在购物服务中，导游工作有哪些注意要点？
扫描二维码，一起学习吧。

任务实施

1. 组建小组，选举组长，完成地陪导游购物服务的任务。

2. 每个小组从多份不同的旅游接待计划中抽选一份接待计划。多份接待计划可以设置为不同团型（如老年团、研学团、教师团、亲子团、华侨团等），不同线路，不同季节，不同客源地，不同特殊情况和不同购物安排。

3. 小组成员共同研读接待计划，根据接待计划中涉及的任务角色编写导游购物服务对话，现场模拟购物服务工作，并进行展示，完成服务。

4. 观看其他组的展示，并听取教师点评。

5. 小组成员共同完成任务后，讨论过程中的不足与闪光点，分析现场完成情况，交流收获、感悟并反思，完成知识学习和实战技能经验的积累和优化。

任务评价：

按照任务评分表的评分标准进行自评、学生互评和教师评价，并进行加权（权重由教师设置，参考权重设置：自评10%、学生互评30%、教师评价60%）计算，评选出最佳任务小组，教师可根据实际情况给予适当的奖励。

任务评分表

考核项目：购物服务		班级：	姓名：
小组名称：		小组组长：	
小组成员：			
总体评价	完成时间	提前	
		准时	
		超时	
	完成质量	优秀	
		良好	
		有待改进	
过程评价	评价标准	分值	得分
	运用多种渠道，主动学习相关知识，提升能力	10	
	工作态度端正，精神风貌良好	20	
	按规定安排购物	20	
	提醒购物注意事项	20	
	维护购物中游客的正当利益	20	
	小组合作	10	
总分		100	

课后任务

1. 思考题

个别导游有所顾虑,在游客遇到小贩强拉强卖的过程中,并未提醒游客,你是怎么看待这个问题的?

2. 简答题

(1)对于不愿参加购物活动的游客,导游如何处理?

(2)在游客购物过程中,导游应提醒游客哪些注意事项?

处理购物问题

案例引入

这次新导游吕小导作为地方导游接待外地旅游团，由于本次行程中没有安排购物点，几名游客提出想在自由活动的时候外出购物，买一些天津的特产和伴手礼带回家送给亲朋好友。吕小导告诉游客，自由活动时间是游客自己支配的时间，只要注意安全，按时归队，去哪里都可以。

傍晚，游客从购物的地方回到酒店，吃完饭，他们找到了吕小导，提出想让吕小导跟着他们一起去退掉一件有点残次的衣服。吕小导觉得自由时间内购物买的商品是游客自己选择的，自己没有义务跟着一起去，于是拒绝了这几名游客，建议游客自行前往。

第二天，游客和全陪聊天的时候说起了这件事，并向全陪表达了对吕小导的不满，认为吕小导服务过于冷漠，没有人情味。

吕小导的问题出在哪里了呢？如果你是吕小导，你会怎么做呢？

任务要求

导游在带领游客购物的过程中，常常会出现各种各样的问题，游客也往往会提出各种各样的特殊要求，导游不要怕麻烦，不要觉得购物是游客自己的事情，要根据具体情况灵活处理。本任务主要包括游客要求单独外出购物，游客要求退换商品，游客要求再次前往某商店购物，游客要求购买古玩或仿古艺术品和游客要求购买中药材五项内容。

相关知识

现在请你思考游客在购物方面有哪些个别要求？如何处理这些个别要求？

扫描二维码，一起学习吧。

任务实施

1. 组建小组，选举组长，完成地陪导游处理购物问题的任务。

2. 每个小组从多份不同的旅游接待计划中抽选一份接待计划。多份接待计划可以设置为不同团型（如老年团、研学团、教师团、亲子团、华侨团等），不同线路，不同季节，不同客源地，不同特殊情况和不同购物安排。

3. 小组成员共同研读接待计划，深度探讨，根据旅游团特点和线路特点，思考游客购物过程中可能遇到的问题和个别要求，列出这些问题和要求的处理方式。

4. 每个小组抽取“游客购物过程中可能遇到的问题和个别要求”，根据接待计划中涉及的任务角色编写游客购物过程中出现此种情况的对话，现场模拟导游处理购物问题的工作，并进行展示。

5. 观看其他组的展示，并听取教师点评。

6. 小组成员共同完成任务后，讨论过程中的不足与闪光点，分析现场完成情况，交流收获、感悟并反思，完成知识学习和实战技能经验的积累和优化。

任务评价：

按照任务评分表的评分标准进行自评、学生互评和教师评价，并进行加权（权重由教师设置，参考权重设置：自评 10%、学生互评 30%、教师评价 60%）计算，评选出最佳任务小组，教师可根据实际情况给予适当的奖励。

任务评分表

考核项目：处理购物问题		班级：	姓名：
小组名称：		小组组长：	
小组成员：			
总体评价	完成时间	提前	
		准时	
		超时	
	完成质量	优秀	
		良好	
		有待改进	
过程评价	评价标准	分值	得分
	运用多种渠道，主动学习相关知识，提升能力	10	
	工作态度端正，精神风貌良好	20	
	游客购物个别要求的分析	20	
	游客购物个别要求的处理	20	
	应变能力	20	
	小组合作	10	
总分		100	

课后任务

1. 思考题

游客在购买旅游商品过程中，要求导游帮忙砍价，你如何看待这个问题？

2. 简答题

(1)游客要求单独外出购物，导游该如何做？

(2)游客要求购买中药材，导游该如何做？

娱乐服务

案例引入

这次新导游吕小导作为地方导游接待外地旅游团。根据行程安排,旅游团到达天津的第一个晚上会到茶馆去观看相声表演。天津是曲艺之乡,曲艺传统悠久,很多游客都喜欢天津的曲艺表演,大家对于晚上的相声表演十分期待。吕小导在茶馆门口发了票,将游客送进茶馆,就在茶馆门口等待着表演散场。

三个小时过去了,表演结束了,观看相声的人们一拥而出,吕小导举着导游旗,等待游客集合,可是 15 分钟过去了,还有三名游客不见踪影,吕小导焦急地打着电话生怕游客走丢。电话无人接听,一团的人都在等待,这到底是怎么回事呢?吕小导急忙跑到演出后台去寻找,原来这几名游客在排队等着与演员合影呢。吕小导劝说游客赶紧回到集合地,不要让其他游客继续等待,没想到却遭到了游客的埋怨,游客觉得吕小导提前没有说明集合时间,让大家等并不是他们的问题。

如果你是吕小导,你会怎么做呢?

任务要求

文娱活动是旅游活动中的重要组成部分,我国历史悠久,文化底蕴深厚,民俗文化浓郁,文娱活动丰富多彩,通过观赏和参与这些文化娱乐活动,游客可以陶冶情操,增长见识,愉悦身心。导游要根据旅游计划的安排尽职尽责地为游客提供娱乐服务,让游客在感受娱乐服务的过程中收获新的体验,充实旅游生活。本任务主要包括计划内的文娱活动和计划外的文娱活动两项内容。

相关知识

现在请你思考在娱乐服务中,导游工作有哪些注意要点?
扫描二维码,一起学习吧。

任务实施

1. 组建小组,选举组长,完成地陪导游娱乐服务任务。

2. 每个小组从多份不同的旅游接待计划中抽选一份接待计划。多份接待计划可以设置为不同团型(如老年团、研学团、教师团、亲子团、华侨团等),不同线路,不同季节,

不同客源地,不同特殊情况,不同娱乐种类安排。

3. 小组成员共同研读接待计划,深度探讨,根据旅游团特点和线路特点,思考并列出不同文娱活动的服务流程。

4. 根据接待计划中涉及的任务角色编写娱乐服务对话,现场模拟娱乐服务工作,并进行展示,完成服务。

5. 观看其他组的展示,并听取教师点评。

6. 小组成员共同完成任务后,讨论过程中的不足与闪光点,分析现场完成情况,交流收获、感悟并反思,完成知识学习和实战技能经验的积累和优化。

任务评价:

按照任务评分表的评分标准进行自评、学生互评和教师评价,并进行加权(权重由教师设置,参考权重设置:自评 10%、学生互评 30%、教师评价 60%)计算,评选出最佳任务小组,教师可根据实际情况给予适当的奖励。

任务评分表

考核项目:娱乐服务		班级:	姓名:
小组名称:		小组组长:	
小组成员:			
总体评价	完成时间	提前	
		准时	
		超时	
	完成质量	优秀	
		良好	
		有待改进	
过程评价	评价标准	分值	得分
	运用多种渠道,主动学习相关知识,提升能力	10	
	工作态度端正,精神风貌良好	20	
	计划内的娱乐服务流程及内容	20	
	计划外的娱乐服务流程及内容	20	
	应变能力	20	
	小组合作	10	
总分		100	

课后任务

1. 思考题

(1)在观看大型演出的过程中,导游如果不和游客一起观看,这段时间导游可以做些什么?

(2)在游客购物过程中,导游是否要进行促销服务?

2. 简答题

在大型娱乐场所,地陪导游要提醒游客注意什么?

任务六 处理娱乐问题

案例引入

这次新导游吕小导作为地方导游接待外地旅游团。带团前吕小导做好了充足的准备,使出浑身解数为游客提供优质的导游服务。几天里,游客饱览了天津的美景,品尝了天津的美食,离开天津的前一天,团长找到了吕小导,表达了游客们的心声,天津是曲艺之乡,许多艺术形式都在此兴起并传承发扬,很多游客都喜欢天津的曲艺表演,希望在离开天津之前吕小导能够给大家安排一次相声演出,让大家感受一下茶馆中的津味相声。

面对游客的要求,如果你是吕小导,你会怎么做呢?

任务要求

旅途中的文娱活动丰富多彩,有旅游服务合同中明文规定的,也有游客要求自费观看或参加的。对于娱乐活动,游客的喜好不同,当游客提出娱乐方面的个别要求时,导游应基于实际情况妥善处理。本任务主要包括游客要求调换计划内的文娱节目,游客要求自费观看文娱节目和游客要求前往不健康的娱乐场所三项内容。

相关知识

现在请你思考游客在娱乐方面有哪些个别要求?如何处理这些个别要求?

扫描二维码,一起学习吧。

任务实施

1. 组建小组,选举组长,完成地陪导游娱乐服务任务。

2. 每个小组从多份不同的旅游接待计划中抽选一份接待计划。多份接待计划可以设置为不同团型(如老年团、研学团、教师团、亲子团、华侨团等),不同线路,不同季节,不同客源地,不同特殊情况,不同娱乐种类安排。

3. 小组成员共同研读接待计划,深度探讨,根据旅游团特点和线路特点,思考游客可能提出的娱乐方面的个别要求并列出应对措施。

4. 每个小组抽取"游客在娱乐方面可能提出的个别要求",根据接待计划中涉及的任务角色编写游客参与娱乐过程中出现此种情况的对话,现场模拟导游处理娱乐问题的工作，并进行展示。

5. 观看其他组的展示，并听取教师点评。

6. 小组成员共同完成任务后，讨论过程中的不足与闪光点，分析现场完成情况，交流收获、感悟并反思，完成知识学习和实战技能经验的积累和优化。

任务评价：

按照任务评分表的评分标准进行自评、学生互评和教师评价，并进行加权（权重由教师设置，参考权重设置：自评 10%、学生互评 30%、教师评价 60%）计算，评选出最佳任务小组，教师可根据实际情况给予适当的奖励。

任务评分表

<table>
<tr><td colspan="2">考核项目：处理娱乐问题</td><td>班级：</td><td>姓名：</td></tr>
<tr><td colspan="2">小组名称：</td><td colspan="2">小组组长：</td></tr>
<tr><td colspan="4">小组成员：</td></tr>
<tr><td rowspan="6">总体评价</td><td rowspan="3">完成时间</td><td>提前</td><td></td></tr>
<tr><td>准时</td><td></td></tr>
<tr><td>超时</td><td></td></tr>
<tr><td rowspan="3">完成质量</td><td>优秀</td><td></td></tr>
<tr><td>良好</td><td></td></tr>
<tr><td>有待改进</td><td></td></tr>
<tr><td rowspan="7">过程评价</td><td>评价标准</td><td>分值</td><td>得分</td></tr>
<tr><td>运用多种渠道，主动学习相关知识，提升能力</td><td>10</td><td></td></tr>
<tr><td>工作态度端正，精神风貌良好</td><td>20</td><td></td></tr>
<tr><td>娱乐个别要求的分析</td><td>20</td><td></td></tr>
<tr><td>娱乐个别要求的处理</td><td>20</td><td></td></tr>
<tr><td>应变能力</td><td>20</td><td></td></tr>
<tr><td>小组合作</td><td>10</td><td></td></tr>
<tr><td colspan="2">总分</td><td>100</td><td></td></tr>
</table>

课后任务

1. 思考题

如何引导游客文明娱乐?

2. 简答题

(1)游客要求调换计划内的文娱节目,导游该如何做?

(2)游客要求自费观看文娱节目,导游该如何做?

项目七

送团服务

项目介绍

旅游团结束本地的参观游览活动后，地陪导游应保证游客的安全、顺利离站，遗留的问题能得到及时和有效的处理。送团服务是导游工作的尾声，地陪应善始善终，如接待过程中曾发生不愉快的事情，应尽量做好弥补工作；要想方设法把自己的服务工作推向高潮，使整个旅游过程在游客心目中留下深刻印象。送走旅游团后，地陪还需要做好游客的善后服务以及旅行社要求的陪团结束后的有关工作。前者关系到地陪的接待工作是否有始有终，后者则涉及地陪对旅行社交付的工作是否完满。

本项目分为送站服务、处理送站问题和后续工作三项任务。

知识导图

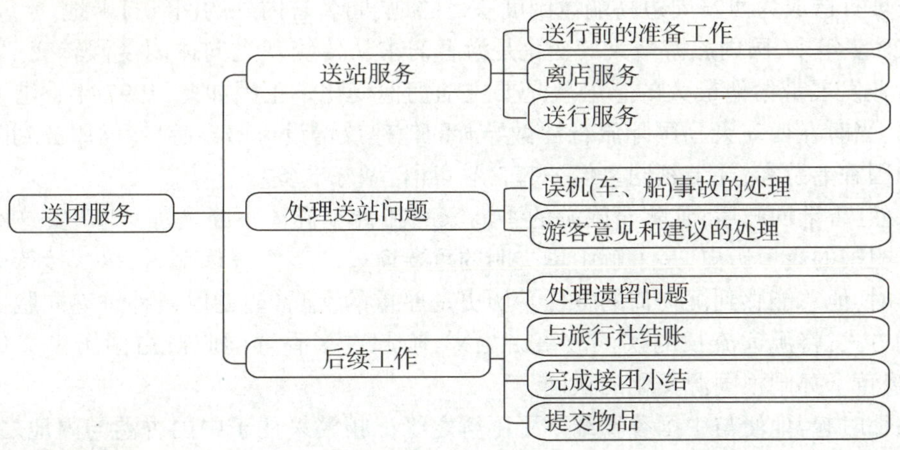

学习目标

1. 素质目标：

(1)培养认真细致的工作态度，树立规范化和精细化的服务意识。

(2)树立时间观念、责任意识和安全意识。

(3)培养团队精神,筑牢帮扶意识。

2. 知识目标:

(1)掌握送站服务的工作流程和具体内容。

(2)掌握送站过程中可能发生问题的应对方法和处理措施。

(3)掌握后续工作的工作流程和具体内容。

3. 能力目标:

(1)能够按照服务流程和规范,独立完成送站服务。

(2)能够正确预防和处理送接过程中可能发生的问题。

(3)能够按照服务流程和规范,独立完成后续工作。

思政案例

王海虎:“保持热爱,哪里都是远方”

他说:“天下事岂能尽如人意,随遇而安就好,所到之处即风景。”

他说:“我仰望星空,期盼前路灿烂;我俯首回望,感怀历史悠长。”

他说:“我不断出发,不为去看风景,只为寻找最真实的自己。”

他是王海虎——2008 年荣获全国优秀导游员称号,担任陕西旅游形象大使近十年,如今是陕西旬邑大唐鹿野苑 · 国际森林度假村(以下简称大唐鹿野苑)运营负责人。自 1996 年进入旅游行业,26 年来,王海虎始终奋战在旅游第一线。从导游到旅行社负责人,再到大型文旅项目操盘手,他用亲身经历告诉同行:“保持热爱,哪里都是远方。探索不同的旅游方式能使内心变得更加宁静,尝试角色转换能收获‘双倍的人生’。”

旅游一路相伴

作为陕西旅游形象大使,王海虎向海内外游客介绍陕西这块神奇的土地;作为大唐鹿野苑的运营负责人,他凭借丰富的经验,在股东和团队的支持下,将一个山沟沟和一个山坡坡打造成为西安周边高端休闲度假目的地、闻名省内外的网红打卡地。

“20 多年来,国内旅游最大的变化是游客需求从传统观光向休闲度假转变。”他说,旅游行业发展带给他最大的感触就是要主动拥抱变化。正因如此,1997 年香港回归祖国前夕,当时在西安天马国际旅行社做导游的他建议增设粤语导游,专门服务到陕西旅游的中国香港游客,并带领同事们一起自学粤语,做好准备。

果然,香港回归后,到陕西旅游的香港家庭和青年群体不断增加。“西安这座古都见证了祖国的辉煌历史,是了解中华文明的重要窗口。”王海虎回忆说,每次接待中国香港游客时,他总能感到沉甸甸的责任。历史是厚重的,他希望能以一种香港同胞更容易接受的方式,将源远流长的陕西故事讲出来,唤起更多香港同胞对祖国历史文化的兴趣,对炎黄子孙同根同源文化的认同。

从那时起,他便与中国香港结下了不解之缘。频繁来往于中国香港与内地之间,王海虎练就了一口流利的粤语。后来,他被推选成为陕西省旅游形象大使,赴港澳台推介是他的重点工作之一。不论在哪里,他始终以讲好陕西故事为己任。陕西也在王海虎恰如其分的推介中成为香港游客向往的地方。

从导游到陕西旅游形象大使、从文旅创意策划者到大型度假村负责人,虽然角色不断变换,但王海虎从事旅游业的初心从未改变。

迈入崭新阶段

采访中，王海虎几次强调，人生一定要“归零”几次。因为只有这样，才能遇见不一样的风景。

在他的每段职业经历中，他都会拼尽全力，做到最好。作为导游和陕西旅游形象大使，不遗余力把陕西故事讲给更多人听是他的目标。为了深入体验互联网，他曾在苏州同程旅游网担任陕西区域负责人。

实践是检验真理的唯一标准，为了了解文旅项目运营，他利用工作和业余时间考察国内外众多优秀旅游项目，带领团队在园林景观设计方面勇于尝试，设计了西安沣河·诗经绿道、未央区 27 条街道提升改造项目，完成了青海省西宁市城东区“十四五”文旅规划等项目，并将团队培养成为能够提供创意策划、营销定位、规划设计、运营管理等全流程服务的专业文旅项目服务机构。

2021 年 5 月 1 日，在咸阳市旬邑县政府和项目投资人的全力支持下，坐落于旬邑县马栏镇的大唐鹿野苑正式开放，王海虎也迎来了新角色。

蔚蓝的天空、碧绿的湖水、蜿蜒的木栈道、柔软的青草地……走进大唐鹿野苑，一片宁静的田园风光尽收眼底。

王海虎告诉记者，大唐鹿野苑周边一小时车程范围内的景点有玉华宫、黄帝陵、药王山、秦直道、石门山森林公园等，以及照金、马栏革命根据地等红色教育基地，夏季平均温度 22 ℃，是绝佳的避暑胜地。

目前，大唐鹿野苑打造了 40 多栋形态各异的森林特色民宿，可供亲子、团建、商务接待等不同群体选择。据统计，去年到大唐鹿野苑旅游度假区的游客达 54 万人次，虽受疫情影响，过夜游客仍有 2.6 万人次；今年截至 8 月中旬，对外营业月份的入住率均超过 70%。

倾注全部热情

“一样的乡村旅游，不一样的乡村民宿。”历史韵味与现代气息浑然相融，让大唐鹿野苑在一众“田园风光”的同质化民宿中显得格外亮眼。

差异化、微度假，是王海虎对标所有同类项目后产生的灵感。“过往的各种经历、看过的各种案例，在头脑里一遍遍回放，给了我重要启示。比如，‘酒店+乐园’一站式休闲度假综合体是我们对标莫干山打磨的产品，其参考了安缦酒店设计民宿的风格，学习了森泊的运营管理，力争打造西安周边高端休闲度假新标杆。”王海虎说。

近年来，为了促进乡村振兴，旬邑县斥资打造了红色经典游、绿色生态游、乡村民俗游 3 个旅游品牌，在市场上获得了很高的美誉。良好的旅游环境为企业带来了新机遇，如何在竞争中凸显优势、赢得游客，王海虎有着自己的思考：“大唐鹿野苑不是纯粹的住宿设施，而是要为游客提供一种微度假生活方式，走一条差异化的发展道路，即以文化植入和绿色生态为芽、以乡村自有特色为壤，培育出传统与现代风格并存、都市与乡村共融的特色旅游度假产品。”

（**资料来源：**任丽. 王海虎：“保持热爱，哪里都是远方”[OL]. 中国旅游报，2022-09-06.）

案例思考：无论你的工作是什么，保持对行业的极度热爱，不畏惧行业可能发生的变化和遇到的困难，敏锐预判行业转型需求，主动出击，以满腔热忱对待一切新生事物，学习新知识、新技能，扎根文旅创意，尝试角色转换，做文旅创意的策划者和文化的传播者。

送站服务

案例引入

新导游吕小导带领入境旅游团完成了天津的行程,明天旅游团就要返回境外了,吕小导再三核实了明天旅游团离开的机票,按照导航预估的时间提前和全陪、领队确认了集合出发的时间、叫早和早餐的时间,并提醒游客结清酒店账务,最后将出发时间通知了司机。

第二天一早,司机按约定时间来酒店接团去机场,没想到一路上堵车严重,本来一个小时的路程走了将近三个小时还没到,原来当天是全市中小学开学的第一天,车流量达到了一年中的最高峰,吕小导有点着急了,怕赶不上航班,一个劲儿催促司机,司机埋怨吕小导没有提前和他商量出行时间。看着大家的不满和马上就要延误的航班,吕小导苦不堪言。

你能说一说吕小导的问题出在哪里了吗?如果你是吕小导,你该怎么做?

任务要求

送站工作是地陪导游为游客提供面对面服务的最后一个环节了,服务虽已近尾声,但根据近因效应,这一环节的旅游感受对游客来讲仍然是很重要的,因此,导游应细致认真地做好核对和协调工作,以万分饱满的热情一以贯之地将导游服务工作完成。本任务主要包括送行前的准备工作,离店服务和送行服务三项内容。

相关知识

现在请你思考导游送行前的准备工作包括哪些内容?离店服务包括哪些内容?送行服务包括哪些内容?导游的欢送词包括哪些内容?

扫描二维码,一起学习吧。

任务实施

1. 组建小组,选举组长,完成地陪导游送站服务的任务。

2. 每个小组从多份不同的旅游接待计划中抽选一份接待计划。多份接待计划可以设置为不同团型(如老年团、研学团、教师团、亲子团、华侨团等),不同线路,不同季节,不同客源地和不同特殊情况。

3. 小组成员共同研读接待计划，深度探讨，根据旅游团特点和线路特点，撰写适合该团队的欢送词。

4. 根据接待计划中涉及的任务角色编写送站服务对话，现场模拟导游送站工作，并进行展示，完成服务。

5. 观看其他组的展示，并听取教师点评。

6. 小组成员共同完成任务后，讨论过程中的不足与闪光点，分析现场完成情况，交流收获、感悟并反思，完成知识学习和实战技能经验的积累和优化。

任务评价：

按照任务评分表的评分标准进行自评、学生互评和教师评价，并进行加权（权重由教师设置，参考权重设置：自评10%、学生互评30%、教师评价60%）计算，评选出最佳任务小组，教师可根据实际情况给予适当的奖励。

任务评分表

<table>
<tr><td colspan="2">考核项目：送站服务</td><td>班级：</td><td>姓名：</td></tr>
<tr><td colspan="2">小组名称：</td><td colspan="2">小组组长：</td></tr>
<tr><td colspan="4">小组成员：</td></tr>
<tr><td rowspan="6">总体评价</td><td rowspan="3">完成时间</td><td>提前</td><td></td></tr>
<tr><td>准时</td><td></td></tr>
<tr><td>超时</td><td></td></tr>
<tr><td rowspan="3">完成质量</td><td>优秀</td><td></td></tr>
<tr><td>良好</td><td></td></tr>
<tr><td>有待改进</td><td></td></tr>
<tr><td rowspan="7">过程评价</td><td>评价标准</td><td>分值</td><td>得分</td></tr>
<tr><td>运用多种渠道，主动学习相关知识，提升能力</td><td>10</td><td></td></tr>
<tr><td>工作态度端正，精神风貌良好</td><td>20</td><td></td></tr>
<tr><td>送行前的准备工作</td><td>20</td><td></td></tr>
<tr><td>离店服务</td><td>20</td><td></td></tr>
<tr><td>送行服务</td><td>20</td><td></td></tr>
<tr><td>小组合作</td><td>10</td><td></td></tr>
<tr><td colspan="2">总分</td><td>100</td><td></td></tr>
</table>

课后任务

1. 思考题

送站工作结束,地陪离开机场后接到全陪的电话得知既定航班临时取消,地陪应如何处理?

2. 简答题

(1)送行前的导游服务工作都有哪些?

(2)离店前往机场或车站时,集合登车的过程中导游应提醒游客哪些事项?

处理送站问题

案例引入

这次新导游吕小导作为地方导游负责接待来自外地的旅游团，整个行程非常顺利，没想到在送团去机场飞往下一站的路上却路遇严重交通事故，大巴车被堵得寸步难行，这可急坏了吕小导和旅游团，吕小导一边安抚游客，一边查询着交通情况。

时间一分一秒地过去，道路交通慢慢恢复了，可是路上耽误的时间太长了，旅游团眼看就要错过既定的航班了，这可如何是好？

如果你是吕小导，你会怎么做呢？

任务要求

导游在送站时，由于各种原因，可能会导致误机（车、船）事故。误机（车、船）事故不仅会给游客后续的生活和工作带来麻烦，而且还会给旅行社带来重大的经济损失和声誉影响。在处理误机（车、船）事故时，地陪应秉承责任意识，提前做好预防工作，养成良好的时间观念和认真负责的工作作风，增强守时意识，减少事故的发生概率，即使发生了误机（车、船）事故，也应沉着冷静，灵活应对，尽全力补救，尽量减少游客的出行损失，重新赢得游客的信任与理解。

送站是导游与游客在本次旅途中的最后一个共处环节了。在整个旅游过程中尤其是最后共处阶段，有时导游会收到游客的意见和建议。正所谓有则改之，无则加勉，妥善处理游客的意见和建议，导游不仅可以从中取得经验，而且也有助于改进旅游接待工作中的一些薄弱环节，借此反思深省，不断精进业务能力，提高导游服务水平，打造令人满意的游览体验。本任务主要包括误机（车、船）事故的处理与游客意见和建议的处理两项内容。

相关知识

现在请你思考误机（车、船）事故的原因是什么？如何处理此种事故？面对游客的意见和建议，导游该如何处理？

扫描二维码，一起学习吧。

任务实施

1. 组建小组，选举组长，完成地陪导游送站服务的任务。

2. 每个小组从多份不同的旅游接待计划中抽选一份接待计划。多份接待计划可以设置为不同团型(如老年团、研学团、教师团、亲子团、华侨团等),不同线路,不同季节,不同客源地和不同特殊情况。

3. 小组成员讨论、分析接待计划,根据旅游团特点和旅游线路特点,分析旅游团在送站过程中可能会遇到的特殊情况和问题,并列出这些情况和问题的预防和处理策略。

4. 根据接待计划中涉及的任务角色编写导游送站服务的对话,抽取旅游团在送站服务过程中可能会遇到的特殊情况和问题,现场模拟工作过程,并进行展示。

5. 观看其他组的展示,并听取教师点评。

6. 小组成员共同完成任务后,讨论过程中的不足与闪光点,分析现场完成情况,交流收获、感悟并反思,完成知识学习和实战技能经验的积累和优化。

任务评价:

按照任务评分表的评分标准进行自评、学生互评和教师评价,并进行加权(权重由教师设置,参考权重设置:自评 10%、学生互评 30%、教师评价 60%)计算,评选出最佳任务小组,教师可根据实际情况给予适当的奖励。

任务评分表

考核项目:处理送站问题		班级:	姓名:
小组名称:		小组组长:	
小组成员:			
总体评价	完成时间	提前	
		准时	
		超时	
	完成质量	优秀	
		良好	
		有待改进	
过程评价	评价标准	分值	得分
	运用多种渠道,主动学习相关知识,提升能力	10	
	工作态度端正,精神风貌良好	20	
	误机(车、船)事故的处理	20	
	游客意见和建议的处理	20	
	应变能力	20	
	小组合作	10	
总分		100	

课后任务

1. 思考题

有些情况下游客提出意见和建议时的情绪较为激动，请你想出几种安抚游客的方法。

2. 简答题

(1)误机(车、船)事故的预防。

(2)误机(车、船)事故的处理。

后续工作

案例引入

新导游吕小导带领来自外地的旅游团完成了天津的行程，旅游团中有一名游客临走前和吕小导说天津的杨柳青年画真是好看，但是时间太赶来不及再去古文化街买几幅了，就请吕小导过几天去帮他买几幅寄到外地转送给朋友，同时留下了钱和地址，吕小导一边忙着帮游客办理值机手续，一边答应了这名游客。

半个多月过去了，直到游客从外地打来电话吕小导才想起这件事。游客埋怨吕小导忘了对自己的承诺，导致自己在朋友那里也食了言，一个电话打到旅行社投诉了吕小导。

旅行社的领导批评了吕小导，但吕小导觉得虽然自己有错在先，但是这并不属于旅游过程中的失误，怎么还会被投诉啊，一肚子的苦水不知如何是好。

吕小导的问题出在哪里了呢？

任务要求

送走旅游团后，地陪还需要做好游客的善后服务以及旅行社要求的陪团结束后的有关工作。前者关系地陪的接待工作是否有始有终，后者则涉及地陪对旅行社交付的工作是否完满。本任务主要包括处理遗留问题，与旅行社结账，完成接团小结和提交物品四项内容。

相关知识

现在请你思考导游后续工作的服务要点包括哪些内容？
扫描二维码，一起学习吧。

任务实施

1. 组建小组，选举组长，完成地陪导游带团后续工作的任务。

2. 每个小组从多份不同的旅游接待计划中抽选一份接待计划。多份接待计划可以设置为不同团型（如老年团、研学团、教师团、亲子团、华侨团等），不同线路，不同季节，不同客源地和不同特殊情况。

3. 小组成员讨论、分析接待计划，针对旅游团和线路的性质和特点，列出后续工作的服务内容,分析后续工作过程中可能出现的问题并写出应对措施。

4. 根据接待计划中涉及的任务角色编写后续工作的对话,现场模拟后续工作过程,并进行展示。

5. 观看其他组的展示,并听取教师点评。

6. 小组成员共同完成任务后,讨论过程中的不足与闪光点,分析现场完成情况,交流收获、感悟并反思,完成知识学习和实战技能经验的积累和优化。

任务评价:

按照任务评分表的评分标准进行自评、学生互评和教师评价,并进行加权(权重由教师设置,参考权重设置:自评 10%、学生互评 30%、教师评价 60%)计算,评选出最佳任务小组,教师可根据实际情况给予适当的奖励。

任务评分表

<table>
<tr><td colspan="2">考核项目:后续工作</td><td>班级:</td><td>姓名:</td></tr>
<tr><td colspan="2">小组名称:</td><td colspan="2">小组组长:</td></tr>
<tr><td colspan="4">小组成员:</td></tr>
<tr><td rowspan="6">总体评价</td><td rowspan="3">完成时间</td><td>提前</td><td></td></tr>
<tr><td>准时</td><td></td></tr>
<tr><td>超时</td><td></td></tr>
<tr><td rowspan="3">完成质量</td><td>优秀</td><td></td></tr>
<tr><td>良好</td><td></td></tr>
<tr><td>有待改进</td><td></td></tr>
<tr><td rowspan="7">过程评价</td><td>评价标准</td><td>分值</td><td>得分</td></tr>
<tr><td>运用多种渠道,主动学习相关知识,提升能力</td><td>10</td><td></td></tr>
<tr><td>工作态度端正,精神风貌良好</td><td>20</td><td></td></tr>
<tr><td>处理遗留问题</td><td>20</td><td></td></tr>
<tr><td>完成接团小结</td><td>20</td><td></td></tr>
<tr><td>结账并提交物品</td><td>20</td><td></td></tr>
<tr><td>小组合作</td><td>10</td><td></td></tr>
<tr><td colspan="2">总分</td><td>100</td><td></td></tr>
</table>

课后任务

1. 思考题

模拟一次校园内的导游活动,完成导游活动后说一说你有哪些成长。

2. 简答题

(1)导游带团的后续工作包括哪些内容?

(2)游客要求导游帮忙传递物品,导游该如何处理?

模块三

导游技能

浸润导游语言艺术

项目介绍

语言是人类沟通信息、交流思想、表达感情，达到相互了解的重要手段，是人类最重要的交际工具。语言是导游最重要的基本功，是导游服务的工具。导游主要是采用语言，或者语言加动手操作的方式，来完成工作的。古人云："工欲善其事，必先利其器。"导游若没有过硬的语言能力，就根本谈不上优质服务。这就是说，导游若没有扎实的语言功底，就不可能顺利地进行文化交流，也就不可能完成导游工作的任务。而过硬的语言能力和扎实的语言功底则以丰富的语言知识为基础。语言技能对完成导游服务工作、提高导游服务质量至关重要。

导游服务过程中，有些导游往往没有时间斟词酌句。然而，一名优秀导游却能以准确、高雅的语言，生动形象地进行导游讲解，语速适中，内容趣味无穷，修辞恰当优美，语义转折自然，让游客听了感到舒服，难以忘怀。由此可见，导游不仅要有坚实的语言功底，还要遵循导游语言运用的规律，体现导游语言的知识性、科学性、思想性、趣味性、艺术性，从多方面调动游客注意力、激发游客的游兴，才会取得满意的导游效果。

本项目分为导游口头语言表达技巧、导游态势语言运用技巧和导游语言的沟通技巧三项任务。

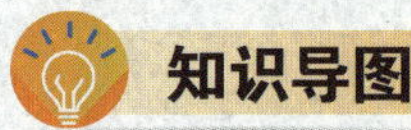

知识导图

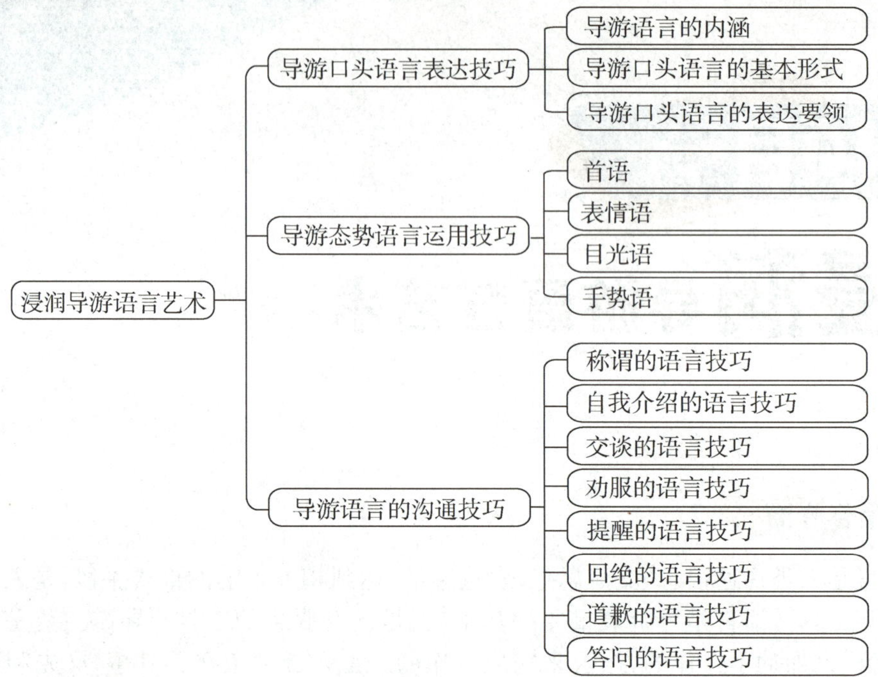

学习目标

1. 素质目标：

(1)培养深厚的家国情怀和民族自豪感。

(2)培养精益求精的工匠精神和创新意识。

2. 知识目标：

(1)熟知导游语言的内涵及特性。

(2)掌握导游讲解的方法和技巧。

(3)掌握导游沟通技巧。

3. 能力目标：

(1)能够准确把握语境,表达流利。

(2)能够准确把握不同语言节奏的使用环境和不同语言节奏取得的表达效果。

(3)能够准确把握不同场合下导游语言表达的技能、方式。

思政案例

全国金牌导游秦琦:导游的服务功底藏在细节里

“我会在游客上车前,先调试好麦克风音效。这样每次跟游客们见面时说的第一句话,就是清晰和从容的。”全国金牌导游秦琦告诉记者。

新疆共有 10 多位全国金牌导游,39 岁的秦琦是英语高级导游,2019 年获评这一荣誉称号。说起从业 13 年总结出的待客之道,秦琦先从麦克风的音量讲起,“如果我是游客,刚刚落座,话筒就发出刺耳的调试音,一定会不舒服,导游的服务功底就藏在细节里”。

背着脚踝受伤的游客看半个新疆，每年都能收到游客的感谢信，没有他搞不定的游客……以上这些业界评价为秦琦贴上了“标签”。但即便是这样一个金牌导游，刚入行时也曾被游客投诉。当时，司机在吐鲁番走错路耽误了行程，游客指责秦琦，他试图解释导游和司机的职责界限，没想到却激起游客更大的不满。栽过跟头后，秦琦有了自己带团的重要准则——绝不推卸责任。

“面对游客不满，想撇清关系这个思路就是错的。导游是一名‘救火员’，只不过我们是通过一张笑脸、一句玩笑话或一个小礼物，‘浇灭’不满情绪，在力所能及的范围内化解、疏导矛盾。”他说。

如果把导游的工作比作一棵大树，细心的服务是枝叶，知识储备和讲解能力则是主干。“讲解时，知识和技巧相辅相成，比如在暴晒的火焰山景区，导游长篇大论地讲火焰山地貌特征，游客肯定听不进去；但如果在坎儿井里，吹着凉风，你娓娓道来吐鲁番的自然人文故事，游客当然有兴趣听。”秦琦说。

秦琦说，导游讲解分为 3 个层次，初级讲解是背诵讲解词，看山讲山看水讲水；中级讲解是看山不讲山，看水不讲水，跳出山水讲历史、地理知识和文化；而最高层次的讲解是看山还讲山、看水还讲水，但是要把历史、地理和民俗文化融会贯通到山山水水中。“游客看到胡杨，导游从植物习性，讲到它生活的地貌，再延伸到新疆各族人民建设边疆保家卫国，最终升华到胡杨精神，这就是一个高级导游应有的讲解能力。”秦琦说。

新疆维吾尔自治区文化和旅游厅市场管理处干部李小虎介绍，自治区和新疆生产建设兵团持有导游资格证书的超过 2.6 万人，注册电子导游资格证的将近 1.5 万人，其中九成为初级导游。今后，新疆维吾尔自治区文化和旅游厅将加强导游人才培养，提升专业能力，支持“金牌导游”与职业院校开展导游专业学生合作培养；加强中、高级导游考核评定管理，推动导游等级考评向社会化、多元化、动态化转变；开展特级导游考评工作，评出一批特级导游，多管齐下，提升旅游服务水平。

目前，秦琦正在筹划组建“国家金牌导游新疆联合工作室”，已经吸纳了十几位疆内知名的金牌导游、高级导游及博士导游。工作室成立后，他们将面向全疆导游提供导游能力提升的相关培训课程。

（**资料来源：** 王晶晶.全国金牌导游秦琦：导游的服务功底藏在细节里［OL］. 新疆日报，2021-12-13.）

案例思考： 导游工作复杂多变，不但要细心服务游客，还要有丰富的知识储备和应变能力。导游只有注重日常积累，不断丰富知识储备，夯实语言基础，才能提高讲解能力，讲好中国故事，传播好中国声音。

导游口头语言表达技巧

案例引入

北京的导游吕小导接待了一个 10 多人的儿童旅游团游览颐和园。第一次到北京的这些小客人非常好奇,吕小导还与往常一样讲解颐和园的历史沿革、游览线路……没过一会儿,小客人就开始吵闹、嬉戏。吕小导想尽各种办法控制局面,但是效果甚微……吕小导感到非常失落,他需要思考明天带领小客人游览该如何调整自己的表达技巧。

如果你是吕小导,你会怎么做?

任务要求

导游语言作为一种口头语言,运用导游语言时,导游一定要根据游客对象和具体的时空条件,恰到好处地运用语言表达技巧,以求达到传情、传神的目的。本任务主要包括导游语言的内涵,导游口头语言的基本形式和导游口头语言的表达要领三项内容。

相关知识

现在请你思考导游语言的内涵是什么?导游口头语言的基本形式有哪两种?导游口头语言的表达要领是怎样的?

扫描二维码,一起学习吧。

任务实施

1. 组建小组,选举组长,完成导游口头语言表达讲解的任务。
2. 每个小组分别用独白式和对话式两种方式设计两个情景进行导游讲解。
3. 小组成员可以采取不同角色模拟,通过情景对话的方式进行展示,完成任务。
4. 观看其他组的展示,并听取教师点评。
5. 小组成员共同完成任务后,讨论过程中的不足与闪光点,分析现场完成情况,交流收获、感悟并反思,完成知识学习和实战技能经验的积累和优化。

任务评价:

按照任务评分表的评分标准进行自评、学生互评和教师评价,并进行加权(权重由教师设置,参考权重设置:自评10%、学生互评30%、教师评价60%)计算,评选出最佳任务小组,教师可根据实际情况给予适当的奖励。

任务评分表

考核项目:导游口头语言表达讲解		班级:	姓名:
小组名称:		小组组长:	
小组成员:			
总体评价	完成时间	提前	
		准时	
		超时	
	完成质量	优秀	
		良好	
		有待改进	
过程评价	评价标准	分值	得分
	运用多种渠道,主动学习相关知识,提升能力	10	
	工作态度端正,精神风貌良好	20	
	口头语言表达方式多样	20	
	口头语言的表达要领准确	20	
	服务具有针对性	20	
	小组合作	10	
总分		100	

课后任务

1.简答题

(1)对话式口头语言的特点。

(2)独白式口头语言的特点。

(3)口头语言的表达要领。

任务二 导游态势语言运用技巧

案例引入

新导游吕小导近期要接待一个 10 多人的外国旅游团,拿到接待计划后他发现大多数游客来自泰国,吕小导需要思考接待泰国旅游者时如何正确使用手势语。

如果你是吕小导,你会怎么做?

任务要求

导游在带团过程中,适时合理地使用态势语可以有效配合导游口头讲解传递信息,能起到补充和强化导游口头讲解的作用,运用得好不仅可以增强有声语言的表达效果,有时候还能起到口头语言不能起到的作用。本任务主要包括首语、表情语、目光语和手势语四项内容。

相关知识

现在请你思考导游态势语言中的首语、表情语、目光语、手势语都包括哪些?你可以做出相应的动作、表情或手势吗?

扫描二维码,一起学习吧。

任务实施

1. 组建小组,选举组长,完成态势语言运用的模拟。
2. 每个小组从多份导游词中抽选一份导游词。
3. 小组成员共同研读导游词,深度探讨,通过导游词内容添加适当的态势语并进行展示,完成任务。
4. 观看其他组的展示,并听取教师点评。
5. 小组成员共同完成任务后,讨论过程中的不足与闪光点,分析现场完成情况,交流收获、感悟并反思,完成知识学习和实战技能经验的积累和优化。

任务评价:

按照任务评分表的评分标准进行自评、学生互评和教师评价,并进行加权(权重由教师设置,参考权重设置:自评 10%、学生互评 30%、教师评价 60%)计算,评选出最佳任务小组,教师可根据实际情况给予适当的奖励。

任务评分表

考核项目:态势语言运用		班级:	姓名:
小组名称:		小组组长:	
小组成员:			
总体评价	完成时间	提前	
		准时	
		超时	
	完成质量	优秀	
		良好	
		有待改进	
过程评价	评价标准	分值	得分
	运用多种渠道,主动学习相关知识,提升能力	10	
	工作态度端正,精神风貌良好	20	
	态势语形式多样	20	
	态势语运用合理	20	
	服务具有针对性	20	
	小组合作	10	
总分		100	

课后任务

1.简答题

(1)导游控制面部表情需要注意什么?

(2)常用的目光语有哪几种?

(3)导游讲解时的手势有哪几种?

任务三

导游语言的沟通技巧

案例引入

今天是新导游吕小导所带旅游团在天津的最后一天了，按计划吃过中午饭大家就要出发赶往机场离开天津，可是旅游团中一位游客执意上午要去较远的地方拜访一位老友。吕小导犯了难，他怕游客无法按时回来误了飞机，可游客态度强硬，吕小导不知道该如何劝服这位游客。

如果你是吕小导，你会怎么做呢？

任务要求

导游经常要与游客开展交流、协调人际关系，这时就要涉及导游语言的沟通技巧。导游在带团过程中如果只重视讲解语言而忽视沟通，只知道介绍景物而不懂得和游客沟通，或者和游客交流不当，最终可能导致游客满意度不高。本任务主要包括称谓的语言技巧，自我介绍的语言技巧，交谈的语言技巧，劝服的语言技巧，提醒的语言技巧，回绝的语言技巧，道歉的语言技巧和答问的语言技巧八项内容。

相关知识

现在请你思考导游语言的沟通技巧包括哪些内容？你能够熟练使用的有哪些？使用过程中有哪些注意要点？

扫描二维码，一起学习吧。

任务实施

1. 组建小组，选举组长，模拟不同场合下语言表达的技能方式。

2. 小组成员分别扮演导游和游客，由游客作自我介绍，包括兴趣、爱好、习惯、学历等。导游与游客进行交流训练。

3. 导游结合旅游者文化背景和爱好，与游客就某一方面进行深入交流。

4. 根据交流内容编写交谈脚本，按照脚本内容进行展示，完成任务。

5. 观看其他组的展示，并听取教师点评。

6. 小组成员共同完成任务后，讨论过程中的不足与闪光点，分析现场完成情况，交流收获、感悟并反思，完成知识学习和实战技能经验的积累和优化。

任务评价:

按照任务评分表的评分标准进行自评、学生互评和教师评价,并进行加权(权重由教师设置,参考权重设置:自评 10%、学生互评 30%、教师评价 60%)计算,评选出最佳任务小组,教师可根据实际情况给予适当的奖励。

任务评分表

考核项目:不同场合下语言表达的技能方式		班级:	姓名:
小组名称:		小组组长:	
小组成员:			
总体评价	完成时间	提前	
		准时	
		超时	
	完成质量	优秀	
		良好	
		有待改进	
过程评价	评价标准	分值	得分
	运用多种渠道,主动学习相关知识,提升能力	10	
	工作态度端正,精神风貌良好	20	
	自我介绍得体、全面	20	
	交谈技巧应用灵活、准确	20	
	服务具有针对性	20	
	小组合作	10	
总分		100	

课后任务

1.简答题

(1)导游做自我介绍必须注意的技巧有哪些?

(2)在与游客交谈过程中,导游要注意什么?

(3)导游道歉的语言技巧有哪几种?

项目二 提升导游带团能力

项目介绍

带团能力，是指导游在带团过程中，为了满足游客的物质和精神需要，帮助游客实现其所购买旅游产品的使用价值，同时也为了使旅行社产品的价值最终得以实现，所运用的方式、方法和技巧的统称。带团技能贯穿在旅游活动的全过程之中，直接影响团队旅游活动的成效，是衡量导游工作水平的重要标志。

本项目分为导游主导地位和形象塑造、导游提供心理服务的技巧、导游引导游客审美的技巧、导游组织与协调的技巧和导游接待不同类型游客的技巧五项任务。

知识导图

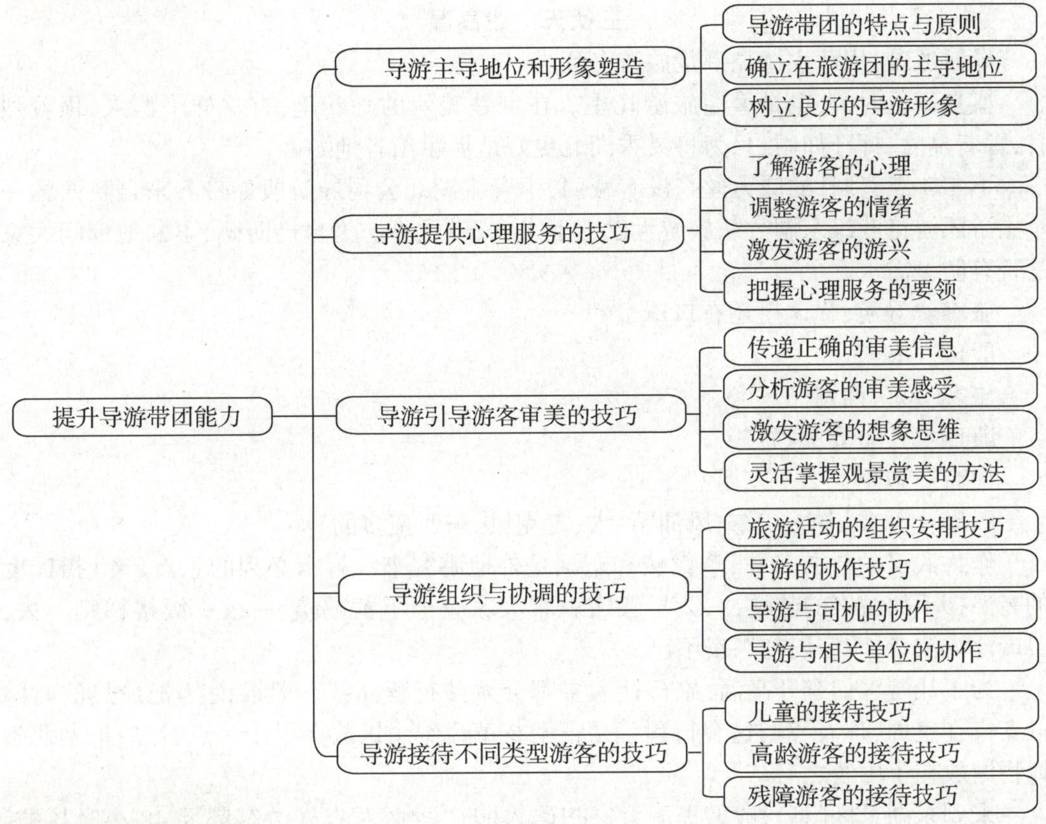

学习目标

1. 素质目标:

(1)培养职业和专业精神以及力争上游的竞争意识。

(2)树立责任意识、安全意识和质量意识。

(3)培养团队精神,筑牢帮扶意识。

2. 知识目标:

(1)熟知导游带团的特点与原则。

(2)掌握导游提供心理服务的方法和技巧。

(3)掌握接待不同游客的方法和技巧。

3. 能力目标:

(1)能够准确塑造导游的形象。

(2)能够准确判断游客的心理状态,提供高效的心理服务。

(3)能够重视旅游的美育作用,正确引导游客观景赏美。

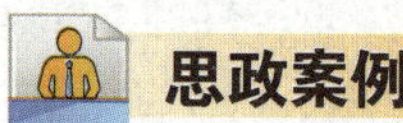

思政案例

三伏天　战高温

导游殷璇：用汗水擦亮荆楚旅游名片

盛夏高温时节，也是暑期旅游旺季。在荆楚美丽的画卷里，有这样一群人，顶着烈日，冒着酷暑，挥汗如雨，只为将灵秀湖北更好地展示给各地游客。

下午4点，烈日的威力丝毫没有减弱，中青旅湖北公司导游殷璇带着来自陕西的一个旅游团游览武汉东湖。从旅游大巴上下来，殷璇顾不上为自己防晒，不断地询问大家是否有防暑需求。

旅客："导游，你这里还有口罩么？"

殷璇："有！"

旅客："好，谢谢。"

殷璇："还有要的吗？"

记者："包里这么多东西？"

殷璇："都要用的，口罩、风油精、水、麦克风，东西蛮多的……"

作为武汉的旅游名片，黄鹤楼和东湖是外地游客来汉打卡必到的景点。40摄氏度的高温挡不住游客的热情，一大早殷璇就带大家登上了黄鹤楼，一级一级楼梯爬上去，殷璇汗流浃背，游客们却兴奋不已。

为了让游客们避开高温，旅行社大多都会调整行程路线。殷璇说："把最热的时间段安排在室内，你看我们这个行程就是把辛亥革命纪念馆放在了十一点，然后把湖北省博物馆放在了中餐之后。"

来到东湖景区门口，殷璇提醒大家扫码入园："景区对省外游客都要48小时核酸，景区也控制得比较严，身份证、健康码、行程码都需要给景区提供的。"

进入东湖大门，满眼荷花一下子就吸引了游客的目光。殷璇边走边向大家介绍起来："陕西的老师们，这里是我们东湖的六大景区之一，叫东湖听涛风景区，听涛拍岸的听涛。因为东湖景区太大了，水面是33平方千米，景区分成了6个……"

在各个景点，导游不仅仅介绍景点的基本情况，有时候还要帮游客拍照，为大家定格下一个个美丽瞬间。头顶烈日，走一圈下来，殷璇早已汗流浃背，而贴身穿着的速干衣，这时就派上了用场。

"有的时候勤快，可能带一件衣服换一下。有的时候太忙了，你就只能等它干，但干了湿、湿了干，没办法的。像我们专门在武汉做地接的导游，好多有那种日光性皮炎，晒狠了之后身上起那种很小的水泡。"殷璇说。

这样的高温天气，带团一天殷璇大约要走一万八千多步，流汗更是无数。但无论怎样热的天气，只要游客有需要，导游都会耐心陪同守候，偶尔遇到脾气急躁的游客，还要会机智地化解。殷璇告诉记者："有的时候跟客人解释一下，你到武汉来感受一下火炉，也感受一下我们当时八七会议的时候，革命先辈不容易，他们召开会议也是8月份，还没有空调，没有风扇，我们现在还怕什么？大部分的客人其实还是蛮理解的。"

"夏顶日，冬迎风"，这是导游工作的常态。受新冠疫情影响，旅游行业遭遇低谷，七八月开放了跨省游，大家都格外珍惜。忙碌的旅游旺季即将过去，导游们虽然晒黑了不少，但前行的脚步坚定，每一位旅游人的辛苦付出，都让灵秀湖北的名片愈发闪亮。

（资料来源：刘成璐.三伏天　战高温　导游殷璇:用汗水擦亮荆楚旅游名片[OL].湖北学习平台,2022-8-21.）

案例思考：夏日高温、冬日严寒是导游工作的常态,但是无论工作环境多么艰苦,导游要秉承劳动精神和奋斗精神,始终保持高涨的工作热情,坚定前行的步伐,做好城市的名片,做好城市的宣传使者。

导游主导地位和形象塑造

案例引入

新导游吕小导顺利通过实习期开始自己独立带团，他接待的第一个旅游团是教师团。吕小导犯了难，太注重修饰形象，怕游客认为自己只会修饰形象不会照顾别人；不修饰形象，怕游客认为自己衣冠不整更别谈会照顾客人。

吕小导应该如何树立在游客心目中的良好形象？

任务要求

导游在带团过程中应该尽快确立自己在旅游团中的主导地位，靠自己的主观努力和实际行动树立良好形象。只有这样才能取得游客的信任，凝聚人心，带好旅游团，为游客打造愉悦的游览体验。本任务主要包括导游带团的特点与原则，确立在旅游团的主导地位和树立良好的导游形象三项内容。

相关知识

现在请你思考导游带团的特点和原则是什么？导游如何确立在旅游团的主导地位并取得游客的信任？如何树立良好的导游形象？

扫描二维码，一起学习吧。

任务实施

1. 组建小组，选举组长，进行导游形象规范的分组练习。

2. 每个小组均要学习导游旗、话筒的基本使用技法，注意导游资格证（胸卡）的佩戴要求，掌握清点人数以及上下车做法，做到形象规范。

3. 按照练习情景进行小组展示，完成任务。

4. 观看其他组的展示，并听取教师点评。

5. 小组成员共同完成任务后，讨论过程中的不足与闪光点，分析现场完成情况，交流收获、感悟并反思，完成知识学习和实战技能经验的积累和优化。

任务评价：

按照任务评分表的评分标准进行自评、学生互评和教师评价，并进行加权（权重由教师设置，参考权重设置：自评 10%、学生互评 30%、教师评价 60%）计算，评选出最佳任务小组，教师可根据实际情况给予适当的奖励。

任务评分表

<table>
<tr><td colspan="2">考核项目：导游形象规范</td><td>班级：</td><td>姓名：</td></tr>
<tr><td colspan="2">小组名称：</td><td colspan="2">小组组长：</td></tr>
<tr><td colspan="4">小组成员：</td></tr>
<tr><td rowspan="6">总体评价</td><td rowspan="3">完成时间</td><td>提前</td><td></td></tr>
<tr><td>准时</td><td></td></tr>
<tr><td>超时</td><td></td></tr>
<tr><td rowspan="3">完成质量</td><td>优秀</td><td></td></tr>
<tr><td>良好</td><td></td></tr>
<tr><td>有待改进</td><td></td></tr>
<tr><td rowspan="7">过程评价</td><td>评价标准</td><td>分值</td><td>得分</td></tr>
<tr><td>仪容仪表符合导游身份</td><td>10</td><td></td></tr>
<tr><td>工作态度端正，精神风貌良好</td><td>20</td><td></td></tr>
<tr><td>示范讲解准确规范</td><td>20</td><td></td></tr>
<tr><td>导游旗、话筒等使用规范</td><td>20</td><td></td></tr>
<tr><td>服务具有针对性</td><td>20</td><td></td></tr>
<tr><td>小组合作</td><td>10</td><td></td></tr>
<tr><td colspan="2">总分</td><td>100</td><td></td></tr>
</table>

课后任务

1.简答题

(1)导游带团的特点和原则是什么?

(2)如何确立导游在旅游团的主导地位?

(3)如何树立良好的导游形象?

任务二 导游提供心理服务的技巧

案例引入

新导游吕小导所带旅游团中有一位游客爱交际，喜讲话，在旅游活动中经常不注意场合说话，经常影响了其他游客还不自知，其他游客不停地向导游抱怨。而另一位游客性格内向，内心敏感，时常情绪低落，其他游客受其感染有时也打不起精神来。吕小导应该如何提供服务，调节这两位游客的情绪，获得令游客满意的效果？

任务要求

在导游服务过程中，游客是导游的服务对象，使游客心情愉悦地度过旅游生活，是导游的主要任务。游客来到异国他乡，生活环境是陌生的，生活节奏也发生了变化，心理活动也会随之发生变化。作为一名合格的导游，除了带领游客游山玩水，协调好游客住宿、饮食、交通等细节，还要具备分析游客的心理，帮助游客调整情绪，激发游客的游兴，做好游客的心理服务的技能，这一点是非常重要的。本任务主要包括了解游客的心理，调整游客的情绪，激发游客的游兴和把握心理服务的要领四项内容。

相关知识

现在请你思考如何了解游客的心理？用什么样的方法可以调整游客的情绪？如何激发游客的游兴？把握心理服务的要领包括哪些内容？

扫描二维码，一起学习吧。

任务实施

1. 组建小组，选举组长，进行心理服务技巧的练习。

2. 小组成员分饰导游和游客的角色进行交流，通过交流导游了解游客的性格特点和心理特征。

3. 导游根据游客各自不同的性格特征，撰写在旅游中如何开展心理服务的脚本，进行小组展示，完成任务。

4. 观看其他组的展示，并听取教师点评。

5. 小组成员共同完成任务后，讨论过程中的不足与闪光点，分析现场完成情况，交流收获、感悟并反思，完成知识学习和实战技能经验的积累和优化。

任务评价：

按照任务评分表的评分标准进行自评、学生互评和教师评价，并进行加权（权重由教师设置，参考权重设置：自评 10%、学生互评 30%、教师评价 60%）计算，评选出最佳任务小组，教师可根据实际情况给予适当的奖励。

任务评分表

考核项目：心理服务技巧		班级：	姓名：
小组名称：		小组组长：	
小组成员：			
总体评价	完成时间	提前	
		准时	
		超时	
	完成质量	优秀	
		良好	
		有待改进	
过程评价	评价标准	分值	得分
	运用多种渠道，主动学习相关知识，提升能力	10	
	工作态度端正，精神风貌良好	20	
	对游客性格特点和心理特征分析的全面准确	20	
	提供的心理服务有效	20	
	服务具有针对性	20	
	小组合作	10	
总分		100	

课后任务

1. 思考题

导游吕小导带团在去景点的途中发生交通堵塞,这时距离景点还有 2 km 的路程。吕小导并不知道堵塞情况会持续多久。如果你是吕小导,遇到等候时间不确定的交通堵塞,你会怎样处理?

2. 简答题

(1)如何了解游客心理?

(2)如何调整游客的情绪?

(3)如何激发游客的游兴?

导游引导游客审美的技巧

案例引入

9月20日,北京导游吕小导接待一个旅游团参观北京香山。前往香山之前游客就在问吕小导,北京香山的红叶和其他地方的红叶有什么不一样?都是红色叶子,为什么这么多人愿意来香山看?

请你想一想吕小导应该怎样引导游客欣赏香山红叶,帮助游客获得美的享受?

任务要求

旅游是一项寻觅美、欣赏美、享受美的综合性审美活动,游客总希望在短短的旅游期间获得最大的美的享受,总希望借助导游的知识和经验达到所期望的审美目的。因此,导游在旅游过程中向不同层次、不同审美情趣的游客讲解时,应尽可能地满足他们的审美追求,这是导游工作的中心任务。帮助游客获得最大的美的享受,导游责无旁贷。本任务主要包括传递正确的审美信息,分析游客的审美感受,激发游客的想象思维和灵活掌握观景赏美的方法四项内容。

相关知识

现在请你思考如何传递正确的审美信息,游客的审美感受分为几个层次?如何激发游客的想象思维?观景赏美的方法有哪些?

扫描二维码,一起学习吧。

任务实施

1. 播放自然景观、人文景观等视频。
2. 组建小组,选举组长,进行分组讨论:游客审美行为的引导与调节。
3. 根据影片或图片信息,以引导游客审美为目的进行模拟景点讲解。
4. 进行小组展示,完成任务。
5. 观看其他组的展示,并听取教师点评、归纳、总结。

任务评价：

按照任务评分表的评分标准进行自评、学生互评和教师评价，并进行加权（权重由教师设置，参考权重设置：自评 10%、学生互评 30%、教师评价 60%）计算，评选出最佳任务小组，教师可根据实际情况给予适当的奖励。

任务评分表

考核项目：引导游客审美		班级：	姓名：
小组名称：		小组组长：	
小组成员：			
总体评价	完成时间	提前	
		准时	
		超时	
	完成质量	优秀	
		良好	
		有待改进	
过程评价	评价标准	分值	得分
	运用多种渠道，主动学习相关知识，提升能力	10	
	学习态度端正，精神风貌良好	20	
	能够对视频、图片的美学特征进行独立分析	20	
	能够熟练地引导游客的审美，展示景点的美学特征	20	
	汇报内容完整，表达流畅	20	
	小组合作	10	
总分		100	

课后任务

1.简答题

(1)观景赏美的方法有哪些?

(2)导游如何调整观赏节奏?

(3)审美感受的层次有哪些?

任务四 导游组织与协调的技巧

案例引入

新导游吕小导负责接待一个来自海外的旅游团，刚接上旅游团，在去酒店的路上，全陪和领队就因为一点小问题发生了口角，接下来的几天，全陪和领队之间时不时地就发生一点小矛盾，吕小导夹在中间很是为难，还有几名游客请求吕小导调节全陪和领队之间的矛盾。

如果你是吕小导，你会怎样做呢？

任务要求

一名合格的导游应该具备良好的组织协调能力，妥善安排好旅游团的食、住、行、游、购、娱各项活动，同时地陪导游还是联系协调其他导游、司机、相关旅游单位之间关系的桥梁和纽带。合理安排旅游团的各项旅游活动离不开其他相关旅游服务部门和工作人员的协作，而导游也应尽力去帮助其他相关旅游服务部门和工作人员的工作。本任务主要包括旅游活动的组织安排技巧，导游的协作技巧，导游与司机的协作和导游与相关单位的协作四项内容。

相关知识

现在请你思考旅游活动的组织安排技巧有哪些？导游与导游团队、司机、相关单位的协作技巧有哪些？

扫描二维码，一起学习吧。

任务实施

1. 组建小组，选举组长，进行角色分析，挑选出司机和导游。

2. 设定旅游团由于要参加一个地方民族风情节活动，临时更改线路的情景。由导游与司机开展模拟交流，解决问题。

3. 根据各自不同的角色，阐述在沟通过程中如何达到最佳效果。

4. 教师归纳、总结。

5. 小组成员共同完成任务后，讨论过程中的不足与闪光点，分析现场完成情况，交流收获、感悟并反思，完成知识学习和实战技能经验的积累和优化。

任务评价：

按照任务评分表的评分标准进行自评、学生互评和教师评价，并进行加权（权重由教师设置，参考权重设置：自评 10%、学生互评 30%、教师评价 60%）计算，评选出最佳任务小组，教师可根据实际情况给予适当的奖励。

任务评分表

考核项目：导游与司机的合作		班级：	姓名：
小组名称：		小组组长：	
小组成员：			
总体评价	完成时间	提前	
		准时	
		超时	
	完成质量	优秀	
		良好	
		有待改进	
过程评价	评价标准	分值	得分
	运用多种渠道，主动学习相关知识，提升能力	10	
	工作态度端正，精神风貌良好	20	
	积极参与，角色定位准确	20	
	沟通效果明显	20	
	准备充分，阐述准确	20	
	小组合作	10	
总分		100	

课后任务

1. 思考题

地陪导游是否应介入全陪导游和领队之间的矛盾？为什么？

2. 简答题

(1)全陪(地陪)导游如何与领队协作？

(2)旅游活动的组织安排有哪些技巧？

任务五 导游接待不同类型游客的技巧

案例引入

正值暑假，新导游吕小导接到一个平均年龄只有十几岁的儿童研学团。接团前吕小导查阅了很多资料，学习了一些关于儿童心理学的知识，又与带团的教师进行了深度的沟通，可是临行前心里还是没有底，生怕带不好儿童团，出了差错。请你思考，根据儿童游客的特点，吕小导应该怎样提供有针对性的服务？

任务要求

导游在带团过程中会遇到不同类型的游客，如何接待这些不同类型的游客，是导游共同面临的问题。导游面对不同类型游客尤其是类型特点尤为突出的游客，需要掌握和熟练应用不同的技巧和方法。本任务主要包括儿童的接待技巧，高龄游客的接待技巧和残障游客的接待技巧三项内容。

相关知识

现在请你思考在接待特殊游客时，导游服务有哪些注意事项和接待技巧？

扫描二维码，一起学习吧。

任务实施

1. 组建小组，选举组长，对不同类型游客特征进行分析。

2. 设定旅游团要游览天津蓟州区国家 5A 级旅游风景区——盘山，请根据不同团型(老人团、儿童团、残疾人团)进行线路设计和导游词设计。

3. 制作 PPT，进行分组汇报展示。

4. 观看其他组的展示，并听取教师点评。

5. 小组成员共同完成任务后，讨论过程中的不足与闪光点，分析现场完成情况，交流收获、感悟并反思，完成知识学习和实战技能经验的积累和优化。

任务评价：

按照任务评分表的评分标准进行自评、学生互评和教师评价，并进行加权（权重由教师设置，参考权重设置：自评 10%、学生互评 30%、教师评价 60%）计算，评选出最佳任务小组，教师可根据实际情况给予适当的奖励。

任务评分表

<table>
<tr><td colspan="2">考核项目：不同团型线路设计</td><td>班级：</td><td>姓名：</td></tr>
<tr><td colspan="2">小组名称：</td><td colspan="2">小组组长：</td></tr>
<tr><td colspan="4">小组成员：</td></tr>
<tr><td rowspan="6">总体评价</td><td rowspan="3">完成时间</td><td>提前</td><td></td></tr>
<tr><td>准时</td><td></td></tr>
<tr><td>超时</td><td></td></tr>
<tr><td rowspan="3">完成质量</td><td>优秀</td><td></td></tr>
<tr><td>良好</td><td></td></tr>
<tr><td>有待改进</td><td></td></tr>
<tr><td rowspan="7">过程评价</td><td>评价标准</td><td>分值</td><td>得分</td></tr>
<tr><td>运用多种渠道，主动学习相关知识，提升能力</td><td>10</td><td></td></tr>
<tr><td>工作态度端正，精神风貌良好</td><td>20</td><td></td></tr>
<tr><td>对不同类型团型特征分析全面准确</td><td>20</td><td></td></tr>
<tr><td>线路设计合理，导游词有特色</td><td>20</td><td></td></tr>
<tr><td>服务具有针对性</td><td>20</td><td></td></tr>
<tr><td>小组合作</td><td>10</td><td></td></tr>
<tr><td colspan="2">总分</td><td>100</td><td></td></tr>
</table>

课后任务

1. 思考题

作为一名导游,你接到旅游接待计划时是否会核对计划中有无特点突出的游客,如果有你会如何处理?

2. 简答题

(1)高龄游客接待技巧有哪些?

(2)儿童游客接待技巧有哪些?

精妙导游讲解技艺

项目介绍

导游服务是一门艺术，它集表演艺术、语言艺术和综合艺术于一身，集中体现在导游讲解中。因此，导游讲解往往被看作衡量导游水平高低的最为重要的技能。导游精彩的讲解，可使祖国的大好河山的“静态”变为“动态”，更加生动形象；使各地的民俗风情更加绚丽多姿；使沉睡千百年的文物古迹再次复活；使造型奇巧的工艺品栩栩如生；使风味独特的名点佳肴内涵丰富，从而使游客感到旅游生活妙趣横生，留下经久难忘的深刻印象。同时，要想讲得好，首先词要好，导游词撰写是一门艺术，需要丰厚的文化积淀，一篇高质量的导游词，既能体现旅游景观的文化品位，又能提高游客的审美情趣，还能增强导游的讲解感染力。因此要想成为一名优秀的导游，就应该不断提高自己的导游词撰写和导游讲解水平。

本项目分为导游词撰写和导游讲解常用技法及要领两项任务。

知识导图

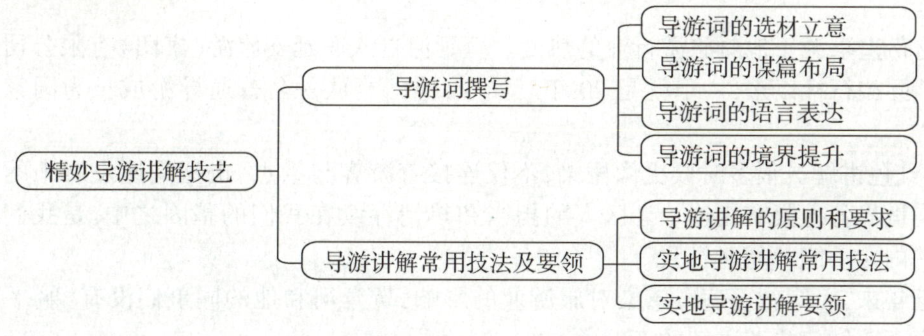

学习目标

1. 素质目标：

(1)培养深厚的家国情怀和民族自豪感。

(2)树立规范的服务意识,培养社会责任感和锲而不舍的精神。

(3)培养精益求精的工匠精神和创新意识。

2. 知识目标：

(1)掌握导游词的结构和语言表达的基本要求。

(2)掌握导游词加工润色的各种方式方法。

(3)掌握常用的导游讲解方法和技巧。

3. 能力目标：

(1)能够搜集创作导游词的素材,并模仿导游词范例,编撰出符合规范的导游词。

(2)能够综合运用导游词加工润色的方法,创作符合自己风格的导游词。

(3)能够在导游讲解中灵活运用导游讲解的各种技法。

思政案例

金牌导游贺延河:开辟红色旅游讲解的新航道

陕西延安是中国革命的摇篮,有着光辉灿烂的红色文化。党的十八大以来,延安依托丰富、独特的红色资源,发展红色旅游,吸引了越来越多的游客到这里感悟红色历程,赓续红色血脉。

这些天,国家金牌导游、延安国际旅行社副总经理贺延河格外忙碌。每天他除了做直播,还利用抖音等短视频平台做宣传。他边学习视频制作技巧,边创作视频脚本,每次都要反复确认和打磨,直至自己满意。

“作为革命圣地延安的一名旅游工作者,我始终牢记习近平总书记的嘱托,立足本职,爱岗敬业,守护红色根脉,传承红色基因,让红色基因绽放新的时代光芒,用实干实绩实效迎接党的二十大胜利召开。”贺延河说。

“一心一意做旅游,向世界推介圣地延安之美。”这是贺延河的初衷,也是他不懈的追求。

这份追求源于他对旅游行业的热爱。贺延河自入职延安旅游(集团)有限公司旗下延安国际旅行社以来,一干就是 20 年。如今,他已经从一名普通导游成长为国家金牌导游。

“红色讲解员很多时候更像桥梁,不仅连接着游客与景点,也把高速发展中的当代延安与世界各地紧密相连。老区人的担当和热情存续在我们的基因之中,是我们做好工作的内在动能。”贺延河说。

近年来,面对新冠病毒感染对旅游业的影响,贺延河和他的同事们没有“躺平”,而是努力开辟红色旅游讲解的新航道。

2020 年春节期间,贺延河利用直播做了题为《追寻红色记忆 感受黄土风情》《延河带你游延安》的讲解。他先后参加了陕西西安他山书院、西安听鉴长安、四川成都“每天一座城”等线上直播活动,并受邀在陕西新闻广播 1066 教育直通车栏目参与名导“陕西故事‘游’我说”活动。他还到延安各红色旧址、红色景区、延安干部培训学院等单位为导游和老师们讲了 25 次公益课,听课人数超 2 000 人次,起到了很好的传帮带作用。

如今,贺延河的新媒体账号里已经发布了不少关于延安红色旅游纪念地的短视频作品,每条视频点击量破万。

“受疫情影响,外地游客不方便来延安旅游,所以我就通过网端让大家云游延安,了解延安的红色文化。”贺延河说。

2021 年是中国共产党建党 100 周年,贺延河开设了延安旅游集团“学党史、感党恩、听党话、跟党走”之《党建党史大讲堂》《红都红色文化》朗诵专栏等。目前,这些专栏已经成为延安旅游集团的党建特色品牌栏目。

从业 20 年来,贺延河创下了零投诉的佳绩。截至目前,贺延河累计接待服务游客 2 万余人次,先后荣获寻找陕西“最美导游”大赛二等奖、第三届全国导游大赛陕西选拔赛银奖、陕西旅游形象大使、陕西省旅游行业“最佳奉献奖”和“延安市劳动模范”“国家金牌导游”等荣誉。

在贺延河的带动下,越来越多的年轻导游迅速成长起来,成为延安旅游行业一道光彩亮丽的风景线。

“我将继续坚守初心,与其他文旅从业者携手同行,共克时艰,让更多人认识延安、了解延安、爱上延安。”贺延河说。

(**资料来源:**任丽,高欢欢. 金牌导游贺延河:开辟红色旅游讲解的新航道[OL].中国旅游报,2022-08-03.)

案例思考:立足本职,爱岗敬业,用好红色资源,守护红色根脉,传承红色基因,将中华优秀传统文化创造性地转化、创新性地发展,讲好中国故事,传播好中国声音,展现可信、可爱、可敬的中国形象,向世界传递中国之美。

导游词撰写

案例引入

刚入职的天津导游吕小导在实习期间接到旅行社安排的任务，需要为天津五大道景区撰写一篇导游词。吕小导查阅了大量的资料和史书，又实地走访景区好几次，可还是不知道如何写出一篇有新意的导游词。请你思考，吕小导应该如何立意、布局，如何进行导游词的表达？

任务要求

导游词是导游为引导游客游览而对游览对象所做的说明、讲解词。导游是语言表达的主体，游客是导游词的受众，介绍、说明、编写导游词是讲解旅游景观的基本内容。本任务包括导游词的选材立意、导游词的谋篇布局、导游词的语言表达和导游词的境界提升四项内容。

相关知识

现在请你思考一篇优秀的导游词如何选材立意和谋篇布局？导游词的语言表达有哪些注意要点？如何进行导游词的境界提升？

扫描二维码，一起学习吧。

任务实施

1. 组建小组，选举组长，进行导游词撰写。

2. 每个小组都要搜集旅游资源素材，包括标志性景观、代表性美食、特色工艺品，以及具有时代风貌和深刻意义的事物等，重点是国家 5A 级旅游景区、非物质文化遗产、国家级历史文化名城，对搜集的素材选取其中一个进行导游词创作撰写。

3. 进行分组汇报展示，完成任务。

4. 聆听其他小组展示，教师归纳总结。

5. 小组成员共同完成任务后，讨论过程中的不足与闪光点，分析现场完成情况，交流收获、感悟并反思，完成知识学习和实战技能经验的积累和优化。

任务评价：

按照任务评分表的评分标准进行自评、学生互评和教师评价，并进行加权（权重由教师设置，参考权重设置：自评 10%、学生互评 30%、教师评价 60%）计算，评选出最佳任务小组，教师可根据实际情况给予适当的奖励。

任务评分表

<table>
<tr><td colspan="2">考核项目：导游词撰写</td><td>班级：</td><td>姓名：</td></tr>
<tr><td colspan="2">小组名称：</td><td colspan="2">小组组长：</td></tr>
<tr><td colspan="4">小组成员：</td></tr>
<tr><td rowspan="6">总体评价</td><td rowspan="3">完成时间</td><td>提前</td><td></td></tr>
<tr><td>准时</td><td></td></tr>
<tr><td>超时</td><td></td></tr>
<tr><td rowspan="3">完成质量</td><td>优秀</td><td></td></tr>
<tr><td>良好</td><td></td></tr>
<tr><td>有待改进</td><td></td></tr>
<tr><td rowspan="7">过程评价</td><td>评价标准</td><td>分值</td><td>得分</td></tr>
<tr><td>运用多种渠道，主动学习相关知识，提升能力</td><td>10</td><td></td></tr>
<tr><td>学习态度端正，精神风貌良好</td><td>10</td><td></td></tr>
<tr><td>导游词的选材立意</td><td>20</td><td></td></tr>
<tr><td>导游词的谋篇布局</td><td>20</td><td></td></tr>
<tr><td>导游词的语言表达</td><td>20</td><td></td></tr>
<tr><td>导游词的境界提升</td><td>20</td><td></td></tr>
<tr><td colspan="2">总分</td><td>100</td><td></td></tr>
</table>

课后任务

1. 思考题

(1)作为一名导游,如果为首都北京编写一份导游词,你打算如何选取素材并确立主题,如何谋篇布局?

(2)作为一名导游,你的导游词是否应用了各种修辞手法,面对不同团型,你会调整导游词吗?假如本次你接待的是学术考察团,你将如何调整你的导游词?

2. 简答题

(1)导游词开头的形式有哪几种?

(2)导游词中间正文部分,包括哪几种结构顺序?

任务二 导游讲解常用技法及要领

案例引入

天津导游吕小导第一次带团，不免有些紧张。这次吕小导的带团线路是天津五大道景区一日游，在研读接待计划时，吕小导注意到旅游团成员的年龄都在50岁以上，文化水平较高，因此在接团前吕小导查阅了大量的史料和文献，打算多准备一些民间传说、历史上的人文逸事、革命历史故事及人物等内容，同时把以前学过的导游讲解技法翻出来仔细看了看，可一直到上团的前一天吕小导还是很担心自己无法应对游客提出的一些专业问题，也不知道到底该用哪种导游讲解技法来进行讲解。

如果你是吕小导，你会怎么做呢？

任务要求

导游在讲解时，要使自己成为游客的注意中心并将他们吸引在自己周围，就要善于针对不同的讲解内容，灵活运用导游讲解方法，或启发联想，或制造悬念，因势利导，增加讲解的生动性，感染游客，把游客带入美的意境。本任务主要包括导游讲解的原则和要求，实地导游讲解常用技法和实地导游讲解要领三项内容。

相关知识

现在请你思考导游讲解的原则是什么？导游讲解有哪些要求？实地导游讲解的常用技法有哪十种？实地导游讲解的要领包括哪些内容？

扫描二维码，一起学习吧。

任务实施

1. 将课堂设定为旅游车和景区，组建小组，选举组长，完成为游客提供讲解服务的任务。

2. 分组讨论：每个小组任意选择一景点导游词，并分析其中运用的讲解方法有哪些。

3. 播放多个景点风光片，创设情境，使小组成员了解并熟悉景点。

4. 每组选派一名代表对景点进行模拟讲解，注重对讲解方法的综合应用。

5. 观看聆听其他组的讲解，并听取教师点评。

6. 小组成员共同完成任务后，讨论过程中的不足与闪光点，分析现场完成情况，交流收获、感悟并反思，完成知识学习和实战技能经验的积累和优化。

任务评价：

按照任务评分表的评分标准进行自评、学生互评和教师评价，并进行加权（权重由教师设置，参考权重设置：自评 10%、学生互评 30%、教师评价 60%）计算，评选出最佳任务小组，教师可根据实际情况给予适当的奖励。

任务评分表

<table>
<tr><td colspan="2">考核项目：讲解服务</td><td>班级：</td><td>姓名：</td></tr>
<tr><td colspan="2">小组名称：</td><td colspan="2">小组组长：</td></tr>
<tr><td colspan="4">小组成员：</td></tr>
<tr><td rowspan="6">总体评价</td><td rowspan="3">完成时间</td><td>提前</td><td></td></tr>
<tr><td>准时</td><td></td></tr>
<tr><td>超时</td><td></td></tr>
<tr><td rowspan="3">完成质量</td><td>优秀</td><td></td></tr>
<tr><td>良好</td><td></td></tr>
<tr><td>有待改进</td><td></td></tr>
<tr><td rowspan="7">过程评价</td><td>评价标准</td><td>分值</td><td>得分</td></tr>
<tr><td>运用多种渠道，主动学习相关知识，提升能力</td><td>10</td><td></td></tr>
<tr><td>工作态度端正，精神风貌良好</td><td>20</td><td></td></tr>
<tr><td>导游词分析准确</td><td>20</td><td></td></tr>
<tr><td>讲解综合运用讲解方法，表达流畅，现场效果好</td><td>20</td><td></td></tr>
<tr><td>服务具有针对性</td><td>20</td><td></td></tr>
<tr><td>小组合作</td><td>10</td><td></td></tr>
<tr><td colspan="2">总分</td><td>100</td><td></td></tr>
</table>

课后任务

1. 思考题

(1)作为一名导游,讲解时要获得良好的效果,除了掌握有关旅游景观的资料,创作出好的导游词之外,还需要运用好导游讲解技法。导游讲解如何能吸引游客?

(2)作为一名导游,你是通过什么途径和方式进行日常知识积累的?

2. 简答题

(1)导游讲解应该遵循哪些原则?

(2)导游讲解常用技法有哪些?

(3)导游讲解前需要做哪些准备工作?

(4)导游讲解后需提供哪些导游服务?

教材配套数字资源说明

本教材内容承托于天津海运职业学院谢丹老师主持的智慧职教 MOOC 学院在线开放课程《导游业务》,课程中涵盖本教材知识点配套 PPT、微课、动画、案例等数字资源,欢迎广大读者扫描下方二维码加入课程学习,与教师实时互动,辅助教材使用。

扫码加入课程

参考文献

[1] 全国导游人员资格考试教材编写组.导游业务.7 版.[M]北京:旅游教育出版社,2022.

[2] 全国导游资格考试统编教材专家编写组.导游业务.7 版.[M]北京:中国旅游出版社,2022.

[3] 张素梅,陶楠.导游实务[M].北京:中国轻工业出版社,2022.

[4] 窦志萍.模拟导游[M].北京:高等教育出版社,2019.

[5] 孙斐,葛益娟.导游实务[M].大连:东北财经大学出版社,2018.

[6] 汪亚明.导游词编撰实务[M].3 版.北京:旅游教育出版社,2018.

[7] 殷开明.导游实务[M].镇江:江苏大学出版社,2018.

[8] 葛益娟,张骏.导游实务.2 版.[M]北京:旅游教育出版社,2018.

[9] 中国旅游协会旅游教育分会.优秀导游词集锦(Ⅱ)[M].北京:旅游教育出版社,2018.

[10] 王琦.地陪导游业务模拟[M].北京:旅游教育出版社,2016.

[11] 中国旅游协会旅游教育分会.优秀导游词集锦[M].北京:旅游教育出版社,2016.

[12] 朱斌,刘英.导游实务[M].北京:北京大学出版社,2014.

[13] 易婷婷.导游实务[M].北京:北京大学出版社,2013.

[14] 叶娅丽,陈学春.导游业务规程与技巧[M].北京:北京大学出版社,2012.

[15] 李桂林.导游业务[M].北京:机械工业出版社,2012.

[16] 朱红霞,佘曙初.导游业务[M].浙江:浙江大学出版社,2012.

[17] 张琼霓.导游业务[M].北京:旅游教育出版社,2011.

[18] 易伟新,刘娟.导游实务[M].北京:清华大学出版社,2009.

[19] 黄明亮,刘德兵.导游业务实训教程[M].北京:科学出版社,2007.

[20] 窦志萍,导游技巧与模拟导游[M].北京:清华大学出版社,2006.

[21] 郭赤婴.新导游必备手册[M].北京:中国旅游出版社,2006.

[22] 郭赤婴.新导游带团案例[M].北京:中国旅游出版社,2006.

[23] 姜福金.导游实务[M].大连:大连理工大学出版社,2006.

[24] 陶汉军,黄松山.导游业务[M].天津:南开大学出版社,2005.

[25] 王连义.怎样做好导游工作[M].北京:中国旅游出版社,2005.